생각의 무지개

초판 1쇄 인쇄 | 2013년 7월 5일
초판 1쇄 발행 | 2013년 7월 10일

글 | 이슬기 김영이 이동태 이호일 정성환 예종화
그린이 | 고혜진 김백송 김태란 박지영 이미라
교정교열 | 김영이
편집진행 | 조정희 김상필 김현정
표지디자인 | 유은주

펴낸이 | 조병철
펴낸곳 | 한국독서지도회
등록 | 1997년 4월 11일 (제406-2003-016호)
주소 | 경기도 고양시 일산동구 장대길 118 (장항동)
TEL | 031-908-8520
FAX | 031-908-8595
홈페이지 | www.homebook.kr

◆ 잘못된 책은 바꿔 드립니다.
ⓒ 2013 한국독서지도회
ISBN 978-89-7788-374-1   73190

머리말

　우리 몸이 건강하려면 영양가 있는 음식을 골고루 섭취하여야 합니다. 우리들 정신의 건강 또한 이와 다르지 않습니다. 우리의 마음과 정신이 건강하려면 마음의 양식이 되는 좋은 책을 선택하여 읽는 것이 무엇보다 중요합니다.
　이러한 점에 유의하여 우리들의 정신 건강에 도움이 되는 〈테마동화집〉을 출간하게 되었습니다.
　이 책의 특징은 7가지의 각기 다른 주제의 이야기를 한 권의 책에 담았습니다. 즉 창작 동화, 전래 동화, 과학 동화, 신화, 세계 명작 소설, 위인 동화를 한 권 속에 담아 다양한 주제의 이야기를 어린이들이 흥미있게 읽을 수 있도록 하였습니다.
　〈창작 동화〉는 현대적인 주제를 어린이들의 눈높이에 맞추어 다루었고, 〈전래 동화〉는 입을 통해 전해 내려오는 옛 이야기들을 통해 우리 조상들의 삶의 애환을 엿볼 수 있도록 구성하였으며, 〈과학 동화〉는 동물들의 신비로운 삶의 이야기에 초점을 맞추었으며, 〈신화〉는 우리 민족의 건국 신화와 동서양의 잘 알려진 신화를 다루었으며, 〈세계 명작 소설〉은 외국의 감동적인 유명한 단편 소설들을 짤막하게 재구성하였으며, 〈위인 동화〉는 우리 나라 또는 외국의 위인들의 삶을 보여 줌으로써 우리 어린이들이 그들의 위대한 점을 배우고 나아가 좀더 높은 곳에 삶의 목표를 세우고 살아갈 수 있도록 꾸몄습니다. 또한 **생각의 무지개**에서는 각 테마별 이야기를 읽고 우리가 한번쯤 생각해 볼 점들을 제시함으로써 좀더 진지하게 책을 읽는 습관을 기르도록 힘썼습니다.

  모쪼록 우리 어린이들이 이 책을 읽고 인간적인 품성과 지식을 두루 갖춘 훌륭한 미래의 꿈나무가 되는데 조금이나마 보탬이 되기를 빌어 마지 않습니다.

편집부 씀

- 창작 동화
시베리아로 달리는 밤 열차 ········ 12

- 신화
괴물 스핑크스의 수수께끼 ········ 34

- 명작 소설
늙은 왕과 세 명의 공주 ········ 60

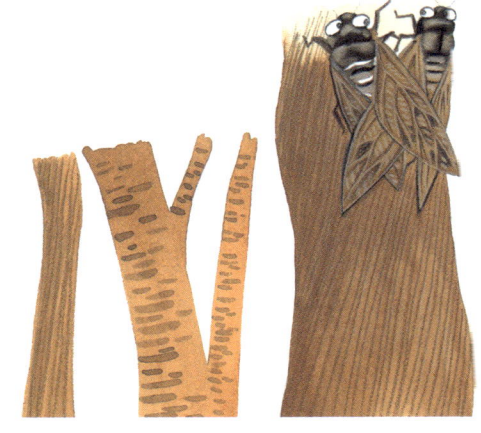

- 전래 동화
  소 탈을 머리에 쓴 사내 ············ 92

- 위인 동화
  문지기가 되기를 소원한 사나이 ······· 114

- 과학 동화
  한여름의 소리꾼 매미 ··············· 146

시베리아로 달리는 밤 열차

글 이슬기 · 그림 고혜진

"준이씨!"

대문 밖에서 부르는 소리가 났다. 준이는 문을 열고 밖으로 뛰어나갔다.

집배원 아저씨였다.

"네가 준이냐? 편지다. 여기……."

집배원 아저씨가 하얀 봉투를 하나 내밀었다.

"감사합니다."

준이는 허리를 꾸벅했다.

집배원 아저씨는 다른 우편물 때문에 바쁜지 벌써 오토바이에 몸을 실은 채 저 멀리 달리고 있었다.

'어? 삼촌이 보냈구나.'

준이는 재빨리 봉투를 뜯었다.

준아, 그 동안 안녕?

드디어 우리는 예선을 통과해 본선에 오르게 되었다. 어제 이탈리아와의 시합에서 3대 0으로 지는 바람에 본선에 오르지 못할까 봐 몹시 걱정을 했었는데, 오늘 아르헨티나를 3대 1로 꺾고, 닷새 뒤에 모스크바에서 열리는 본선에 나가게 되었어.

그 동안은 참으로 가슴 졸인 나날들이었다.

제5회 월드컵 남자 배구 대회에 참가하기 위해 며칠 전에 우리는 고국을 떠났지?

참으로 긴 여행이었다.

세계 배구 대회가 열리는 이 곳은 우리가 옛날에 소련이라고 불렀던 독립국 연합이라는 나라란다. 이 곳에 와서 며칠이 지났고, 그 사이에 우리는 여러 나라와 시합도 가졌는데 아직은 내가 옛날의 소련이라고 불렀던 독립국 연합이라는 나라에 와 있다는 사실을 실감할 수가 없구나.

여기가 정말로 옛날 소련이라고 부르던 독립국 연합이라는 땅일까?

눈보라와 털모자, 목이 긴 장화의 나라…….

오늘은 우리 한국인 3세 바우라는 아이와 그 할아버지 이야기를 들려 주마.

 오늘, 아르헨티나와의 시합에서 목이 터져라 응원하던 사람들은 모두 기차를 타고 10여 시간을 달려와야 할 정도의 먼 거리에서 살고 있는 우리 교포들이었단다.
 단지 우리가 같은 핏줄이라는 사실 하나만으로, 그 먼 거리에서 달려와 우리를 응원해 주던 동포들의 뜨거운 성원.
 오늘 시합은 본선에 진출하느냐 못하느냐 하는 치열한 경기였는데, 그들의 응원이 아니었다면 승리를 할 수 있었을까 하는 생각이 이 편지를 쓰는 순간에도 문득문득 들곤 한단다.

바우라는 아이의 나이는 열세 살.

우리 준이와 비슷한 나이였고, 키나 체격도 비슷해서 먼 이국 땅에서 꼭 너를 보는 느낌이 었단다.

곱게 차려입고 온 한복이 너무 고와서 누가 만들어 주었느냐고 물어 보았더니 할머니께서 아직도 한복 바느질 솜씨를 잊지 않고 만들어 주셨다고 하더라.

그 아이의 할아버지는 올해 83세로 놀랍게도 고향이 강원도 홍천이래.

바우 할아버지가 고국을 떠난 것은 나이 스물두 살 때였는데, 그 당시는 일본이 우리 나라에 들어와 온갖 못된 짓을 저지르고 있을 때였다는구나.

농촌에서 농사를 짓던 그분은 어느 해인가 정말로 땀흘려 가꾸어 놓은 곡식들을 일본 사람들에게 빼앗기는 게 아까워, 몰래 파둔 땅 속에 감추다가 동네 이장에게 들키고 말았대.

"아니, 이 사람, 이게 무슨 짓이야?"

"이장님, 우리 할아버지가 앓고 계세요. 이것마저

빼앗기면 우리 할아버지 약값은 어떻게 하고, 우리는 뭘 먹고 살아갑니까? 한 번만 못 본 척 해 주세요. 그 은혜 잊지 않겠습니다."

"필요 없어! 당장 꺼내서 갖다 바쳐! 주재소(오늘날의 파출소)에 알려서 혼이 나도록 하기 전에."

이장은 인정 사정 없이 그렇게 말하고는 돌아서더라는 거야.

그는 이장의 앞을 막고 몇 번이고 사정을 했지만, 이장은 오히려 그의 뺨을 냅다 때리더래.

화가 날 대로 난 그는 이장에게 달려들었대.
"같은 조선 사람이면서 일본놈들 밑에 붙어 갖은 아첨을 떨면서, 우리 동포들의 피를 빨아먹는 이 쓰레기 같은 놈아! 너나 나나 같은 민족이면서 뭐 할 짓이 없어 일본놈 앞잡이가 되어 온 동네 사람들을 괴롭히냐!"
그는 이장을 땅에 쓰러뜨리고는 죽지 않을 정도로 팼대.

　그리고는 일본 경찰의 보복이 두려워 그 날 밤으로 마을을 떠났는데, 그게 고국과의 영영 이별이었다는구나.
　그가 처음으로 간 곳은 옛날 소련 땅의 연해주. 지도를 펴 보면 함경 북도와 경계를 이루고 있는 소련 땅 연해주였대.
　그 곳에는 이미 일본인들을 피해 왔거나 강제로 쫓겨난 사람들이 많이들 와 있었대. 그들은 모두 돈 한 푼 없이 맨주먹으로 그 곳에 온 사람들이었기 때문에 고생도 무척 많이 했다는구나.

내 나라 내 가족들을 두고 낯선 타향으로 쫓겨온 그들이었지만, 그렇다고 그대로 주저앉아 있을 수만은 없는 일. 타고난 부지런한 성격 때문에 사람들은 이를 악물고 열심히 일했대. 그래서 엄청난 황무지를 개간하여 농사도 짓고, 가축도 기르면서 그럭저럭 기반을 잡을 수 있었다는구나. 웬만큼 자리가 잡히자 바우 할아버지는 같은 동포의 딸과 결혼도 했지.
　그 당시 딱 한 가지 소원은 어서 일본이 망하고, 우리 나라가 해방이 되어 고국으로 돌아가는 것이었대. 일을 할 때도 머리를 고국의 하늘 쪽으로 향하고 일했고, 잠을 잘 때도 머리를 고국 쪽으로 두고 잤었다는구나.
　그런데 기다리던 조국의 해방 소식은 오지 않았고, 맑은 하늘에 날벼락과도 같은 스탈린의 강제 이사 명령이 떨어졌대.
　스탈린은 악랄하게도 개발이 안 된 지역을 개발하기 위해서 소련 내에 사는 다른 민족들을 강제로 이주시켜 개발하도록 하는 정책을 썼는데, 그 대상이 바로 나라를 빼앗기고 쫓겨와 사는 우리 동포들이었단다.
　1937년 9월.

"연해주에 있는 조선족들은 한 사람도 남지 말고 모두 떠나라. 목적지는 우즈베크나 카자흐 지방."

어느 날 갑자기 이런 통보를 받은 사람들은 어리둥절할 수밖에 없었겠지.

지어 놓은 농사를 추수할 사이도 없이, 이사할 준비도 할 사이도 없이 사람들은 우즈베크가 어딘지, 카자흐가 어딘지도 모르고 화물 열차에 올라탈 수밖에 없었대.

"갑자기 살던 곳을 떠나라니, 이런 경우가 어디 있습니까?"

항의를 했던 사람들이 가족 친지들 보는 앞에서 총살을 당하는 걸 보고 사람들은 더 이상 항의조차 할 수 없었대.

"나라도 없는 것들이 떠나라면 떠날 것이지, 웬 잔말이 그렇게 많아!"

나라 없는 설움을 당해 보지 않은 사람은 모를 거라며 바우 할아버지는 이야기를 하면서도 연신 울었고, 이야기를 듣던 우리도 얼마나 울었는지 몰라.

"말이 기차였지, 순전히 우리는 짐짝 취급이었어. 지붕도 없었고, 의자도 없는 그런 화물 열차 칸에 모두 쪼그리고 앉은 채 실려 갔는데, 벌판을 달리다가

툭하면 이틀이고 사흘이고 그냥 멈추고 가지 않는 거야. 우리야 그 때만 해도 젊었으니까 덜했는데, 늙으신 분들이나 어린 아이, 아녀자들은 정말 고생했었지. 기차로 한 달이나 걸려서 우리가 내팽개쳐진 곳은 우즈베크라는 이름도 처음 듣는 곳이었어."

준아!

지도를 펴놓고 한 번 살펴보렴.

우리 나라의 북쪽 끝에 경계를 이루고 있는 옛 소련의 땅 연해주. 거기에서 중앙 아시아 우즈베크까지의 거리가 얼마나 먼가를……. 더구나 소련의 9월 날씨는 우리 나라 한겨울의 추운 날씨보다 더 춥단다.

눈보라 날리는 시베리아 한가운데를 꿰뚫으며 기약없이 이동을 해야만 했던 당시 20여 만 우리 동포들의 모습을 생각하면 눈시울이 절로 뜨거워지는구나. 이따금 영화나 텔레비전에서 보던 피난민의 행렬처럼, 아니 그보다도 더 비참하고 초라한 행렬의 우리 동포들.

조국이 없는 설움.

"굼벵이처럼 달리던 기차가 멈추었어. 한 달이나 되는 기차 여행에서 불안과 분노에 떨다가 우리가

내팽개쳐진 곳이 그렇게 험한 곳인 줄은 상상도 못했지. 모두 넋을 잃었어. 지옥이 있다면 바로 그런 곳이라는 생각이 들었지. 실제로 내 친구 하나는 너무나 엄청난 현실에 그대로 쓰러져 미쳐 버리고 말더군. 우리에게 고국을 버릴 수밖에 없도록 만든 일본인들이 이가 갈리도록 미웠고, 겨우 살 만하니까 강제로 이렇게 지옥의 땅으로 내몬 스탈린이 저주스러웠지…… 오랜 여행과 추위와 굶주림에 지쳐 병을 얻어 세 명에 하나 꼴은 죽었어. 얼어서 죽은 사람, 굶어서 죽은 사람, 병들어 죽은 사람……."

준아!
이건 꾸며 낸 이야기가 아니란다.
불과 60여 년 전 이 곳 우리 동포들이 몸소 겪었던 몸서리치는 현실이었어.

"그 때를 생각하면 아직도 악몽을 꾸는 것 같아. 추위, 굶주림, 늑대들의 침입, 국가와 민족없이 쫓겨다녀야 하는 억울함. 또 무슨 일을 당할지 모르는 불안……. 그래도 끈질긴 건 사람의 목숨이야. 우리는 참고 견디었어. 부르튼 손발에서 피가 나오고, 얼어 터진 상처에서 피가 흘러도 오직 살아야 한다는 생각으로 우리는 견디었어. 나무를 베어다가 움막을 짓고, 땅을 파 일구어 농사를 지었지. 아마 누군가가 그 때의 우리 모습을 보았다면 사람이

27 · 시베리아로 달리는 밤 열차

아니라 영락없는 귀신꼴이었을 거야. 그래도 봄이 오니까 이 곳 나무에도 새싹이 돋아나더군."
준아!
바우 할아버지의 이야기를 들으면서 그들의 가슴에 맺혀 있는 한의 응어리를 생각해 보았단다.
바우 할아버지뿐만 아니라 응원 나왔던 모든 분들의 가슴마다 주먹덩이 같은, 아니 크기로는 도저히 말할 수 없는 그런 응어리들이 꽁꽁 뭉쳐 있는 것 같았어. 한을 풀어 내기라도 하는 듯한 그 뜨거운 응원 때문에 우리가 오늘 경기에서 승리할 수 있었는지도 몰라.
일본에 나라를 빼앗기고 사랑하는 부모 형제들과 정든 고국을 강제로 이별하고, 이 먼 나라에 와서 죽기보다 더한 고통으로 살아온 그들의 한을 우리가 얼마나 짐작할 수 있을까?
그래도 바우 할아버지는 그만큼 시대가 좋아져서 우리를 만나게 되었고, 단 몇 마디라도 자신들이 겪었던 서러움을 우리들에게 털어 놓을 수 있어서 조금은 속이 시원하다고 하더구나.
준아!
어쩌면 묻혀 버린 채 지나갈 수도 있었을 그들의

고통과 한을 우리 오래 기억하자.

할아버지는 1988년 서울 올림픽 모습을 텔레비전으로 보면서 몇 번이고 자신이 한국 땅에 돌아가 있는 듯한 착각을 했는지 모른대. 휘날리는 태극기를 보고, 울면서 만세도 많이 불렀다는구나.

"올림픽 이후에 우리를 보는 눈들이 달라지더군. 고국의 힘을 그렇게 크게 느껴 본 적은 없었어. 얼마 전에 여기서 조금 떨어져 있는 도시에서 세계 양궁 선수권 대회가 열렸어. 우리는 거기에도 응원을 갔었지. 우리 선수단이 여자 단체전과 개인전에서 우승을 하고, 남자는 단체전에서 우승을 했었지. 세계 신기록을 세우면서 우승을 하고, 태극기를 날리며 금메달을 목에 거는 것을 보고 우리는 울면서 만세를 불렀어. 모스크바에서 본선이 열린다고 했지? 우리는 거기까지 응원갈 거야. 꼭 이겨야 해. 꼭!"

나는 할아버지의 이야기를 들으면서 옆에서 귀를 기울이고 있는 바우의 눈빛을 보았단다.

바우는 할아버지의 그 이야기를 처음 듣는 것은 아니었을 거야.

그런데도 바우는 처음 듣는 것처럼 아주 열심히 듣고 있더구나. 그 눈빛이 너무 진지하고 맑아서 나는

이따금 그 아이의 어깨를 가볍게 안아 주었어. 그 아이의 눈빛은 바로 살아 숨쉬고 있는 우리 민족의 혼 같다는 것을 느꼈지.

"바우란 이름은 내가 지었어. 내 나라 내 민족의 혼을 이어 가라고……."

준아!

그들과 헤어져 다시 숙소로 돌아왔어.

생각 같아서는 밤새도록 이야기를 나누고 싶었지만 그럴 수가 없었지. 우리는 다음 시합이 계획되어 있고, 그들에게는 그들을 싣고 갈 열차가 기다리고 있었기 때문이지.

이 편지를 쓰는 동안에도 그들은 열차에 몸을 싣고 어둠 속을 달리고 있을 거다.

60여 년 전 그들을 강제로 실어다가 허허벌판에 내동댕이칠 때처럼 열차는 그렇게 기적을 울리면서 달리고 있겠지.

그러나 오늘 밤 거기에 탄 사람들의 가슴 속 생각은 60여 년 전과는 다를 거야. 이제는 돌아갈 보금자리도 있고, 그들의 가슴에 꿈도 있었으니까.

"아저씨들, 본선에서도 꼭 이기세요. 저는 한국의 아들이랍니다. 할아버지 말씀대로 절대로 한국을 잊지 않을 겁니다."

바우가 내 손을 꼬옥 잡으며 이렇게 말하고 떠나갔어. 바우가 한국을 잊지 않겠다고 한 것처럼 나도 그들을 잊지 않으련다. 끈질기게 살아온 그들의 꺾이지 않았던 정신과 의지에 우리 함께 박수를 보내며, 그들의 앞날에 늘 희망과 축복이 있도록 함께 빌어 보자.

준아.

잘 있거라. 안녕!

        준이를 사랑하는 삼촌이 씀

준이는 다시 한 번 편지를 천천히 읽어 보았다.

배구 국가 대표 삼촌이 이렇게 진지하게 편지를 써 보낸 것은 처음이었다.

"삼촌, 돌아올 때 선물 사 와!"

시합을 떠나는 삼촌에게 이런 말을 했던 게 조금 부끄러웠다. 삼촌이 돌아오면 모스크바 시합에서 다시 만난 바우 할아버지의 뒷이야기를 꼭 물어 봐야겠다는 생각이 들었다.

생각의 무지개

　이 이야기는 국가 배구 대표 선수인 삼촌이 모스크바 대회에 참석했다가 우리 교포들과의 만남을 통해 알게 된 사연들이 편지 형식을 통해 전개되고 있어요.
　일제 강점기에 왜 우리의 조상들은 찬바람이 몰아치는 만주와 시베리아로 갔을까요? 그들은 왜 고향 땅을 버리고 이국 만 리 낯선 땅을 찾아가 그토록 모진 고생을 했을까요?
　그것은 모두가 조국을 잃어버렸기 때문이에요. 일제의 강압과 온갖 수탈에 못이겨 살 길을 찾아 떠난 것이지요.
　조국은 우리 민족이 영원히 지켜야 할 보배로운 것이에요. 그러나 이것은 결코 남이 지켜 주는 것이 아니지요.
　그럼 어떻게 해야만 할까요? 우리의 강산, 우리의 국토를 아끼고 조국의 평화로운 앞날을 영원히 세계 역사 위에서 지켜 나가기 위해서는 어떻게 해야 할지 생각해 봅시다.

괴물 스핑크스의 수수께끼

글 정성환 · 그림 이미라

아주 옛날 테바이왕 라이오스가 신을 찾아가 자신의 미래에 대해 여쭈었다.
"신이시여! 저의 미래에 대해 가르쳐 주십시오. 저의 미래는 과연 어떠하겠나이까?"
신이 말했다.
"미래는 지금의 네가 만들어 가는 것이거늘 어찌하여 조급해하느냐? 운명을 재촉하지 말거라."
그러나 라이오스는 고집을 꺾지 않았다. 그러자 신이 마지못해 말했다.
"그대는 장차 태어날 아들 때문에 생명과 왕위가 위태로울 것이다."
"네에?"
신의 말에 라이오스는 어찌할 바를 몰랐다.
왕비는 지금 배가 남산만해 있지 않은가? 그런데 그토록 기다려 왔던 아들이 자신의 생명과 왕위를 위태롭게 할 것이라니……. 아마도 이를 두고 청천벽력이라 하는 것이 아닐까?

라이오스는 깊은 고민에 빠졌다. 그렇다고 장차 자신을 해칠 그 아들을 모른 척 덤덤하게 키울 수는 없는 노릇이었다.

라이오스는 궁궐로 돌아오자마자 시종을 불렀다. 그리고는 아무도 모르게 명령했다.

"장차 왕비가 아들을 낳거들랑 양치기에게 맡겨라. 그리고 기회를 봐서 적당한 방법으로 죽이도록 하라."

말을 마친 라이오스는 돈꾸러미를 시종에게 건넸다. 그리고는 다시 한번 다짐을 했다.

"이 일은 너와 나만이 아는 비밀이니라. 절대로 소문이 나지 않도록 조심하렷다."

"예, 마마."

"왕비한테도 비밀로 해야 하느니라. 알았느냐?"

"예, 마마."

시종이 방을 나간 뒤 라이오스는 또다시 큰 한숨을 내쉬었다.

라이오스는 배가 남산만한 왕비를 볼 때마다 신의 목소리가 자꾸만 떠올랐다. 라이오스는 이제 왕비를 보는 것도 지겨웠다. 그래서 되도록 왕비와 만나는 시간을 피했다.

왕비는 왕이 왜 자기를 피하는지 이해할 수 없었다. 그럴수록 왕비의 슬픔도 커져 갔다. 그러나 왕자를 낳으면 왕도 예전처럼 다정하게 대해 줄 거라 믿고 있었다.

신탁을 받고 난 지 얼마 후, 왕비의 몸에 진통이 시작되었다. 왕비는 이를 악물고 고통을 참아 냈다.

"마마, 조금만 더 힘을 내십시오. 마마, 조금만 더……."

오랜 진통 끝에 왕자가 태어났다. 그 소식은 금방 왕에게 전달되었다.

"뭐라? 왕자를 낳았다고?"

왕은 순간 지난번의 신탁을 떠올렸다.

'새로 태어나는 아들 때문에 생명과 왕위가 위태로울 것이다.'

왕의 얼굴은 석고 조각처럼 싸늘하게 식어 갔다. 새 생명을 얻은 기쁨은 찾을 길이 없고, 증오와 분노, 그리고 슬픔이 뒤범벅이 되어 가슴을 짓눌렀다.

라이오스 왕은 북받

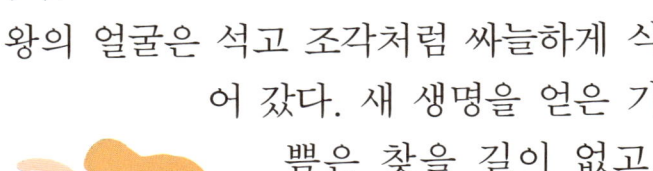

쳐오는 이 감정을 어찌할 수가 없었다.
 '아, 이 무슨 얄궂은 운명의 장난이란 말인가?'
 신탁의 말대로라면 왕자를 키우는 것은 마치 승냥이를 품 안에 키우는 것이나 다를 바 없지 않은가?
 얼마 후, 라이오스가 시종을 불러 조용히 물었다.
 "일은 잘 처리했느냐?"
 "예, 마마. 염려 놓으셔도 됩니다. 쥐도 새도 모르게 잘 처리했습니다."
 라이오스의 명령을 받은 시종은 갓난 왕자를 어느 양치기에게 맡겼다. 그리고는 적당한 방법으로 알아서 처리하게끔 명령을 하고

지금 막 돌아온 길이었다.
 한편, 갓난아기를 받아든 양치기는 아기를 보자 마음이 흔들렸다.
 '이 갓난 생명을 어떻게 죽인단 말인가? 요 오물거리는 입하며, 오똑한 코. 아, 이대로 죽일 수는 없어, 아암, 안 되고말고.'
 양치기는 누군지는 모르나 그 단호한 명령을 어길 수도 없고, 그렇다고 어린 생명을 죽이는 일은 더욱 두렵고 해서 아기를 안고 산으로 올라갔다.

양치기는 사방을 두리번거렸다. 사람이라곤 그림자도 보이지 않았다.

'저기 저 높다란 나뭇가지 위에 얹어 놓아야지. 목숨이 길면 살 테고, 아니면 그만이지 뭐.'

양치기는 갓난아기를 나뭇가지에 묶어 놓았다. 그리고는 걸음아 나 살려라 하며 산길을 뛰어내려왔다.

그런 일이 있고 얼마 뒤의 일이었다.

한 늙은 농부가 산에 나무를 하러 올라왔다. 그런데 문득 어디선가 갓난아기의 울음소리가 들렸다.

"응애응애."

'아니, 이 산 속에서 웬 갓난아기 울음소리가?'

농부는 이상한 생각이 들어 울음소리가 나는 쪽으로 걸어갔다. 몇 걸음 가 보니 참으로 놀라운 광경이 앞에 있었다. 높다란 나뭇가지에 갓난아기가 강보에 싸인 채로 묶여져 있는 것이었다.

'세상에 이런 일이 있나? 누군가 천벌을 받을 짓을 했구먼, 쯔쯔.'

늙은 농부는 혀를 차며 아기를 조심조심 안고는 마을로 내려왔다.

집에 데려와 아기의 얼굴을 들여다보니 생김새가 참으로 훌륭했다. 입고 있는 옷이며 강보 하며, 보통 사람의 아기 같지는 않았다.
 '무엇인가 곡절이 있는 거야. 어쨌든 고귀한 집안에서 태어난 아기임에 틀림없어.'
 아기는 잠을 자면서도 자신의 처지가 어찌되었는지도 모르고 배냇짓을 하며 방긋방긋 웃기까지 했다.
 늙은 농부는 아기가 불쌍했다. 그렇다고 자기가 아기를 데려다 키울 만한 형편은 못되었다.
 늙은 농부는 마을에서도 가장 부자인 지주 부부를 찾아갔다. 그리고 아기를 데려온 사연을 설명했다. 이야기를 듣고 난 부인이 말했다.
 "여보, 이 아이를 우리 양자로 삼는 게 어떨까요?"
 "과연 예사 아기 같지는 않구먼. 나야 뭐…… 당신이 좋다면 그렇게 하구려."
 아기는 이렇게 해서 지주 부부의 양자가 되었다.
 "여보, 아기 이름을 뭐라 지을까요? 좋은 이름이 떠오르면 말해 보세요."
 "흐흠, 오이디푸스라고 하면 어떻겠소? 아기 발이 조금 통통하니 부었지 않소?"
 "예, 그렇군요. 그럼 발이 부었으니 '오이디푸스'라고 하지요."
 오이디푸스란 '부은 발'이란 뜻이다.

그로부터 십여 년의 세월이 흐른 어느 날이었다.
라이오스 왕은 시종 하나만을 데리고 델포이로 가고 있었다. 그런데 비좁은 산길을 가다 한 젊은이와 맞닥뜨렸다.
왕은 바퀴가 둘 달린 이륜차를 타고 있었다. 젊은이 역시 이륜차를 타고 있었다. 한쪽은 천 길 낭떠러지였다. 누군가 하나는 길을 양보해야만 했다.
라이오스 왕이 젊은이를 향해 소리쳤다.

"길을 비켜라!"
그러자 젊은이가 서슴없이 말을 받았다.
"당신이 누구이길래 길을 비키라 마라 명령하시오? 내가 먼저 왔으니 그대가 양보하는 게 당연한 순서 아니오?"
"아니, 저런 무례한 놈이 있는가?"
라이오스 왕은 얼굴이 벌개져서 젊은이를 노려봤다. 그러자 시종이 옆에서 소리쳤다.

"이분은 테바이 왕국의 왕이시다. 어서 길을 비키도록 하라."

"흥! 이 깊은 산길에서 왕이라니? 당신이 왕인지 뭔지 내가 뭘 보고 안단 말이요! 괜한 입씨름 말고 어서 길을 비켜요."

"저런, 저런 저 무례한 놈을 그냥 둘 수 없다. 저놈의 목을 당장 치거라."

라이오스 왕의 명령에 시종이 칼을 빼어들더니 젊은이가 끄는 말 한 마리를 내리쳤다. 그러자 격분한 젊은이가 라이오스 왕과 시종을 향해 칼을 휘둘렀다.

"에잇, 나의 칼을 받아랏!"

조용하던 산 속이 갑자기 피로 붉게 물들었다. 젊은이의 칼에 라이오스 왕과 시종은 비명도 지르지 못한 채 죽고 말았다.

젊은이는 바로 예전에 강보에 싸여 나뭇가지에 내버려졌던 바로 그 아이, 오이디푸스였다. 오이디푸스는 자기도 모르는 사이에 아버지를 죽인 아들이 된 것이었다.

이런 일이 있고 난 뒤, 테바이로 가는 길에 이상한 일이 생겼다. 덩치가 큰 한 마리의 괴물이 길을 지키고 서서 지나가는 나그네들을 두려움에 떨게 했다. 그 괴물의 이름은 바로 스핑크스였다. '스핑크스'란 목을 졸라 죽이는 자란 뜻이다.

이 스핑크스란 괴물은 몸뚱이는 사자의 몸을 닮았고, 얼굴은 여자의 모습을 하고 있었다.

그런데 이 괴물은 나그네들이 지나다니는 길목에 있는 높다란 바위 위에 늘 웅크리고 앉아 있었다. 괴물은 나그네들이 지나가면 불러 세웠다.

"잠깐! 수수께끼를 풀면 널 보내 주겠다. 그러나 답을 알아맞추지 못할 경우에는 네 몸뚱이는 나의 밥이 될 것이야. 어훙!"

괴물의 목소리는 듣기만 해도 기절할 만큼 무서웠다. 심장이 약한 사람은 보기만 하는 것으로도 그 자리에서 지레 질려 죽기까지 했다.

지금껏 수수께끼를 풀고 그 길을 지나간 사람은 단 한 사람도 없었다. 이 괴물을 만난다는 것은 곧 죽음을 의미했다.

하루는 오이디푸스가 한 마을 앞을 지나가는데, 사람들이 모여 웅성웅성 떠들고 있었다. 오이디푸스는 가만히 다가가 사람들의 말소리를 무관심한 척 들어 보았다.

"안 돼요, 그 길로 가면 안 돼요. 멀더라도 돌아서 가야지 괴물의 밥이 되고 만다니까요."

"며칠 전에도 어떤 힘센 장사가 큰 소리치며 갔는데, 결국은 죽고 말았대요."

사람들은 두려움에 진저리를 치고 있었다.

그 때 가만히 듣고 있던 오이디푸스가 물었다.

"그 괴물이 있는 데가 어딘데 그러오?"

"왜요? 당신도 가 보려고 그러우. 참으슈, 공연히 허세부리려다 목숨을 잃은 사람이 얼마인 줄 셀 수도 없어요."

그 중의 한 노인이 오이디푸스를 보며 말렸다. 그럴

수록 오이디푸스는 그 괴물에 대한 호기심이 발동해 참을 수가 없었다.

마침내 오이디푸스는 대담하게도 이 무서운 괴물과 대결하러 길을 떠났다. 험한 모래벌판을 지나 나무 하나 없는 산악 지대에 이르자 집채만한 바위 위에 커다란 괴물이 웅크리고 앉아 있었다.

겁없이 다가오는 오이디푸스를 보고 스핑크스가 말했다.

"으흠, 참으로 당돌한 놈이로구나. 시장하던 차에 마침 잘 됐다. 네가 수수께끼를 풀지 못하면 이 길을 살아서 나갈 수 없다는 것쯤은 알겠지?"

"잔소리 말고, 어서 그 수수께끼란 것이 뭔지 말해 보거라."

오이디푸스는 조금도 두려운 기색이 없이 당당하게 맞섰다.

"좋다. 그럼 대답해 보거라."

스핑크스 역시 배가 고파 조급증이 났는지 곧바로 문제를 냈다.

"아침에는 네 발, 낮에는 두 발, 저녁에는 세 발로 걷는 동물이 무슨 동물이냐?"

오이디푸스는 망설임없이 곧바로 대답했다.

"인간, 사람이다."
"뭐라? 어찌해서 인간이란 말이냐?"
스핑크스는 당황한 듯 되물었다.
"갓난아기 때는 두 손과 두 무릎으로 기어다니니

네 발이요, 조금 자라면 서서 다니니 두 발이요, 늙어 허리가 꼬부라지면 지팡이를 짚고 다니니 세 발이지."
"오호, 세상에! 나의 수수께끼를 푼 인간이 있다니, 이건 씻을 수 없는 치욕이야."

스핑크스는 오이디푸스의 명쾌한 대답에 굴욕감을 느꼈다. 스핑크스는 제 몸을 마구 때리며 학대하더니 나중에는 바위 꼭대기에서 몸을 던져 목숨을 끊고 말았다.

이 소문은 순식간에 테바이 사람들 사이로 퍼져 나갔다.

"우와, 이제야 마음 놓고 살 수 있게 되었어. 그 괴물의 수수께끼를 풀고 물리치다니! 오이디푸스님을 우리의 지도자로 받듭시다."

"좋습니다. 지혜롭고 영특하시며 용맹한 오이디푸스님을 우리의 왕으로 모십시다."

마침내 테바이 백성들은 오이디푸스를 왕으로 모셨다. 그리고 오래도록 슬픔 속에서 홀로 살아온 왕비 이오카스테와 결혼식까지 치루게 했다.

"왕비여! 내 그대의 슬픔을 씻어 주고 행복한 왕비가 되게 해 주리다."

"고맙습니다. 위대하고 지혜로우신 왕이시여, 영원히 순종하는 아내가 되겠나이다."

자기를 낳은 부모가 누구인지 알 리 없는 오이디푸스는 자기의 아버지를 죽인 자식이 되었고, 저를 낳은 어머니의 남편 노릇까지 하게 된 것이었다.

그러나 그 비밀을 아는 이는 아무도 없었다. 오직 신만이 알고 있는 사실이었다.

세월은 또 흘러갔다.

오이디푸스 왕과 왕비 이오카스테 사이에 예쁜 공주까지 태어났다.

"왕비, 공주 좀 보세요. 얼마나 귀여운지 눈에 넣어도 아프지 않을 것 같구려."

"전 이제 부러운 게 없어요. 이 행복 모두가 다 전하 덕분이에요."

오이디푸스 왕과 왕비는 이렇게 행복한 나날을 보내고 있었다. 나라일도 겉으로는 아무 일 없는 듯 평온하기만 했다.

그런데 어느 때부터인가 테바이에 무서운 전염병이 돌고, 가뭄이 들기 시작했다. 들판에는 물이 말라 곡식 하나 자라지 않았다. 사람들이 병에 걸려 죽어 갔고, 양식을 구하지 못해 굶주리다 죽어가는 사람이 점점 늘어 갔다.

사람들은 점차 공포에 질려 어찌할 바를 몰랐다. 무서운 소문도 떠돌았다.

"이건 필시 누군가 신의 노여움을 산 때문이 아닐까?"

"글쎄, 그럴지도 모르지. 그렇다면 그게 누굴까?"

"아니야, 우리끼리 이럴 것이 아니라 신의 뜻을 알아보는 게 좋겠어. 여보게들, 우리 신의 뜻을 알아보러 함께 가 보세나."

사람들은 신의 뜻을 알아보러 갔다. 그리고 마침내 놀라운 사실을 알게 되었다.

"오호, 이런 해괴한 일이 있다니. 이건 있을 수 없는 일이야."

그 원인은 놀랍게도 오이디푸스 왕에게 있었다.

"위대하신 우리의 오이디푸스 왕이 그런 엄청난 죄를 지었다니……."

"아아, 이럴 수가? 제 아비를 죽이고, 제 어미를 아내로 맞이하다니. 이건 도저히 있을 수 없는 일이야."

이 소문은 순식간에 백성들 사이로 퍼져 나갔다.

뒤늦게 이러한 사실을 안 이오카스테 왕비는 스스로 목숨을 끊고 말았다.

"이 무슨 기구한 운명의 장난이란 말인가? 난, 난 짐승만도 못해. 아, 이런 저주가 내게 내리다니, 흑흑."

자신의 죄를 알게 된 오이디푸스 왕은 머리를 쥐어뜯고 몇날 며칠을 울었다. 그러더니 마침내 미치광이가 되어 제 눈알을 뽑더니 울부짖으며 왕궁을 도망치듯 빠져 나갔다.
　오이디푸스 왕은 테바이를 떠나 정처없이 떠돌았다. 머리는 헝클어지고, 옷은 다 해어지고 신발은 너덜너덜 떨어져 거지 중에서도 상거지였다.
　가는 곳마다 사람들이 그를 향해 돌을 던졌다. 그의 얼굴이며 머리, 그리고 몸뚱이는 사람들이 던진 돌멩이에 맞아 피가 흐르고 온통 시퍼렇게 멍이 들어 있었다. 그를 불쌍히 여기며 돌봐 준 사람은 오직 한 사람, 바로 딸인 안티고네뿐이었다.
　오이디푸스의 몸은 부끄러움과 고통으로 점점 망가져 갔다. 그리고는 마침내 아무도 모르는 어느 깊은 산 속에서 그 불행한 삶을 마치고 말았다.

생각의 무지개

"아침엔 네 발로 걷고, 낮에는 두 발로, 밤에는 세 발로 걸어다니는 동물의 이름은 무엇인가?"

이것은 지나가는 행인들을 상대로 스핑크스가 질문했던 수수께끼예요. 이 수수께끼는 오디푸스가 나타나기 전까지는 아무도 풀지 못했어요. 이처럼 인간은 스스로도 누구인지를 모르는 참으로 미련스럽기 짝이 없는 존재이지요. 용맹스럽고 지혜롭다는 오이디푸스이지만 그 역시 한낱 어리석고 미련한 인간에 지나지 않았어요. 왜냐구요? 자신의 부모도 알아보지 못했으니까요.

우리는 모두가 어리석은 인간들이지요. 잘난 척, 무엇이든지 잘 아는 척하지만 정작 자신이나 자기 주변 일에 대해서는 까맣게 모르는 일이 많으니까요. 운명의 신 때문이라고요? 글쎄 과연 운명의 신이 우리의 운명을 좌우할까요? 우리는 운명의 굴레 속에서 영원히 벗어날 수 없는 나약한 존재인지 한번 생각해 보세요.

늙은 왕과 세 명의 공주

글 김영이 · 그림 김태란

   영국의 왕인 리어에게는 이미 시집을 간 큰딸 고너릴과 둘째 딸 리건, 그리고 아직 시집을 안 간 막내딸 코델리어가 있었다.

   80살이 넘은 리어왕은 기력이 다해 나라를 다스리는 일에 기진맥진해 있었다.

   '아무래도 몸이 예전 같지 않아. 젊은 사람에게 나라일을 맡겨야겠어.'

   이렇게 생각을 굳힌 리어왕은 세 딸을 불렀다.

   세 딸 가운데 누가 가장 자신을 사랑하는지 대답을 듣고 나서, 그들이 사랑하는 만큼의 비율로 자신의 왕국을 나누어 주기 위해서였다.

   왕이 먼저 큰딸에게 물었다.

   "고너릴, 너는 맏딸로서 이 아비를 얼마나 사랑하느냐? 솔직히 말해 보렴."

   "아바마마, 그걸 어찌 다 말로 표현할 수 있겠사옵

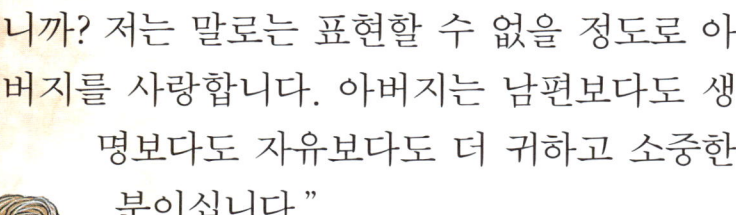

니까? 저는 말로는 표현할 수 없을 정도로 아버지를 사랑합니다. 아버지는 남편보다도 생명보다도 자유보다도 더 귀하고 소중한 분이십니다."

"오호, 고너릴! 네가 이 아비를 그토록 사랑한다니 기쁘기 한량없구나. 허허허."

왕은 행복한 얼굴로 마냥 기뻐하며 웃어댔다. 리어왕은 더할 수 없는 행복에 젖어 큰딸 고너릴과 큰 사위에게 왕국의 삼분의 일을 주었다.

이번에는 둘째 딸에게 물었다.

"리건, 너도 이 아비를 사랑하니? 그렇다면 얼마나 사랑하는지 말해 줄 수 있겠느냐?"

그러자 둘째 딸이 깜짝 놀란 표정으로 말했다.

"아바마마, 그게 무슨 말씀이십니까? 그렇게 말씀하시면 섭섭합니다."

둘째 딸은 입을 샐쭉이더니 아양

섞인 말투로 말했다.

"아바마마, 저의 아바마마에 대한 사랑은 언니에 비할 바가 아닙니다. 제가 아버지를 사랑하는 즐거움은 이 세상 어떤 것에도 비할 것이 없습니다. 제가 아버님을 사랑하는 기쁨을 어찌 다른 것에 견주겠습니까?"

딸의 입에서 나올 찬사를 기다리고 있던 늙은 왕은 기쁨을 감추지 못했다.

"오, 나의 사랑하는 딸아. 네가 이 아비를 그토록 사랑할 줄은 상상도 못했구나."

왕은 이렇게 자신을 사랑하는 딸을 둔 자신이야말로 이 세상 누구보다도 행복한 사람이라고 생각했다. 그리고 둘째 딸 리건과 둘째 사위에게도 왕국의 삼분의 일을 나누어 주었다.

'그럼 이번에는 막내딸 코델리어를 만나 볼까? 고 귀엽고 사랑스러운 막내딸 입에서는 무슨 말이 나올까? 아마 틀림없이 언니들보다 천 배 만 배 더 이 애비를 사랑한다고 말할 거야. 고거 참으로 깜찍하고 귀여운 녀석이라니깐.'

리어왕은 생각만 해도 막내딸이 귀엽고 사랑스러워 저절로 입가에 웃음이 배어 나왔다. 세 자매가 있었지만 리어왕은 막내딸 코델리어를 누구보다 사랑했다. 그도 그럴 것이 막내딸 코델리어는 지금껏 단 한 번도 왕의 마음을 상하게 한 적이 없었기 때문이다.

리어왕은 자못 흥분해서 코델리어를 만나러 갔다. 그리고는 두 딸들이 자기에게 한 사랑의 말과 자신이 그들에게 준 선물에 대해 털어 놓았다.

아버지의 말을 듣는 순간 코델리어는 기가 막혔다. 언니들이 그렇게 말했다면 그건 순전히 아버지의 왕국을 빼앗기 위한 감언이설이라는 것을 그녀는 너무도 잘 알고 있었다. 형부들 역시 왕관을 쓰고 나라를 통치할 속셈이 분명했다.

'오호, 불쌍한 아버지. 언니들의 그 알랑거리는 말에 속아 넘어가시다니…….'

코델리어는 다소곳이 아버지의 말을 듣기만 했다. 지금 저렇게 행복해하는 아버지에게 언니들의 말이 거짓이라는 것을 이해시킬 자신이 없었기 때문이다.

리어왕은 코델리어에게도 앞서 두 딸에게 물었던 것처럼 질문했다.

"코델리어, 너는 이 아비를 얼마나 사랑하니? 네 속마음을 정직하게 말해 보렴."

리어왕은 막내딸을 바라보며 다정스럽게 물었다. 그리고는 고 앵두 같은 입술에서 나올 말을 기다렸다. 잠시 후, 코델리어가 입을 열었다.

"저는 자식 된 도리로서 아바마마를 사랑할 뿐입니다. 그 이상도 그 이하도 아닙니다."

"뭣이? 자식된 도리로서…?"

리어왕은 뜻밖의 말에 기가 막혀 입을 다물지 못했다. 그가 다시 코델리어에게 물었다.

"코델리어, 지금 한 말은 진심이 아니지. 그렇지? 진심이라면 넌 왕국은커녕 단 한 푼의 재산도 물려받지 못한단 말이다. 그러니 잘 생각해서 대답해 보렴."

　리어왕은 거의 울상이 된 얼굴로 애처롭게 막내딸을 바라보았다.

　코델리어는 여전히 다소곳한 태도로 또박또박 자신의 생각을 털어 놓았다.

"아바마마께서는 지금까지 저를 키워 주셨고,

끔찍하게도 사랑해 주셨습니다. 저는 앞으로도 아바마마께서 저에게 쏟아 주신 은혜를 갚기 위해 노력할 것입니다. 아바마마의 말씀에 순종하며, 아바마마를 사랑하고 존경하겠습니다. 그러나 언니들처럼 입에 발린 거창한 말이나 약속은 하지 않겠습니다. 진심입니다, 아바마마."

사실 코델리어는 아버지가 아닌 다른 사람을 사랑하지 않겠다는 약속을 지킬 자신이 없었다. 언니들처럼 결혼을 한다면 남편 또한 자신의 사랑을 원할 것이고, 열심히 뒷바라지해 주기를 기대할 것이기 때문이다.

하지만 코델리어는 늙은 아버지를 누구보다 사랑했다. 만일 그녀가 언니들이 아버지에게 한 가증스런 말을 듣지 않았다면 좀더 다정다감한 말로 아버지를 위로하고 행복하게 대해 드렸을 것이다.

그러나 언니들이 그 간교하고 가증스런 거짓말로 아버지의 왕국을 물려받는 꼴을 보고 나니, 자신이

할 수 있는 최선의 선택은 말없이 자식 된 의무와 책임을 다하는 길뿐이라고 생각했던 것이다.

한편, 코델리어의 마음을 알 리 없는 리어왕은 치받치는 분노로 몸을 부들부들 떨었다. 그리고 코델리어를 위해 남겨 놓았던 왕국의 삼분의 일을 큰딸 내외와 작은딸 내외에게 나누어 주고, 신하들 앞에서 자신의 모든 권력까지 넘겨 주었다. 자신은 왕의 칭호와 수행원과 100여 명의 무사만을 거느린 채 두 딸의 집을 한 달씩 번갈아 오가며 살기로 선언하였다.

그러자 리어왕의 충성스러운 신하 켄트 백작이 코델리어를 용서해 줄 것을 아뢰었다.

"켄트 백작, 내가 자네의 충성됨은 잘 아네. 하지만 더 이상 이 일에 대해 이야기하지 말라. 누구든 코델리어에 대해 이야기하는 자가 있으면 사형에 처할 것이니 그리 알라."

리어왕이 불호령을 내렸다.

"폐하, 코델리어 공주는 폐하를 사랑하지 않는 것이 아니옵니다. 부디 명령을 거두어 주시옵소서."

켄트 백작은 왕의 위협에도 아랑곳없이 경솔한 결정을 거두어들이기를 요청했다. 그러자 리어왕이 얼굴을 붉히며 명령을 내렸다.

"켄트 백작에게 국외 추방을 명하노라. 5일간의 말미를 줄 테니 당장 이 곳을 떠나거라. 영국 땅에서 발견되는 즉시 사형에 처할 것이다."
"폐하, 제발 신중히 생각하시옵소서. 오호, 신이시여, 코델리어 공주를 보살펴 주소서."

 켄트 백작은 그 길로 군사들 손에 이끌려 나갔다.
 리어왕은 마침 코델리어 공주에게 청혼하러 와 있던 프랑스 왕과 버건디 공작을 불러 자신이 코델리어에게 내린 결정을 들려 주었다.

"자, 어떻게들 하시겠소? 코델리어가 가진 것이라곤 몸뿐 재산은 단 한 푼도 없소. 그래도 코델리어와 결혼할 생각이 있습니까?"
"죄송합니다. 그런 조건이라면 전 청혼을 취소하겠습니다."

버건디 공작이 먼저 말했다. 그러나 프랑스 왕은 코델리어가 왜 왕의 노여움을 샀는지 잘 알고 있었다. 잘못이라면 언니들처럼 아첨을 하지 않았다는 것뿐이다.

그래서 그는 망설임없이 코델리어를 자신의 신부감으로 맞아들이기로 결정했다.

"코델리어 공주, 저의 신부가 되어 주십시오. 당신의 그 아름다운 덕은 왕국보다도 더 큰 지참금입니다. 자, 어서 작별 인사를 하고 나와 함께 프랑스로 가시어, 나의 왕비가 되어 주시오. 그리고 저 버건디 공작 따위는 잊어버리십시오. 저자의 사랑은 흘러가는 물 같은 것이었으니까 말입니다."

코델리어는 프랑스 왕의 청혼을 받아들였다. 그리고 언니들에게 아버지에게 한 말처럼 효도를 해 달라고 눈물로 부탁했다. 그러자 두 언니는 야멸차게 말했다.

"네 갈 길이나 가 봐. 운명의 여신이 그나마 자선을 베풀었기에 망정이지 네가 지금 우리한테 이래라 저래라 말할 형편이니?"

"누가 아니래? 널 데려가 주는 남편이나 잘 섬기라구."

코델리어가 떠나자마자 언니들은 본성을 드러내기 시작했다. 큰딸 고너릴과 약속한 한 달이 미처 다 가기도 전에 늙은 왕은 자신이 얼마나 어리석었는가를 깨닫게 되었다.

고너릴은 늙은 허깨비 왕인 아버지와 100여 명의 수행원들을 보는 것에 진절머리를 냈다. 그녀는 아버지를 만날 때마다 이맛살을 찡그렸고, 아버지가 말이라도 걸려고 하면 지레 꾀병을 부리며 자리를 피했다. 그녀의 시녀들까지도 늙은 왕의 명령을 거절하거나 아예 못 들은 척 외면했다.

이러한 것을 80이 넘은 노인이라고 해서 눈치 못챌리는 만무했다. 그러나 리어왕은 오늘의 이런 일들을 결코 믿고 싶지 않았다. 그래서 될 수 있는 한 그들의 행동을 모른 척 외면했다.

그런데 마침 한 사내가 심부름꾼이 되겠다며 자청해서 왕에게 알현을 청했다.

"폐하, 소인을 심부름꾼으로 부려 주십시오. 목숨을 걸고 폐하를 위해 일하겠나이다."

사내의 태도는 씩씩했지만 말투는 무뚝뚝했.

리어왕은 그에게서 때묻지 않은 솔직함과 인간미를 느꼈다.

"좋다. 그럼 당장 나의 심부름꾼으로 계약을 맺자. 자네의 이름은 뭔가?"

"폐하, 소인의 이름은 카이어스입니다."

이렇게 해서 리어왕은 카이어스를 심부름꾼으로

고용했다. 사실 카이어스는 전에 왕의 노여움을 사서 국외로 추방되었던 충신 켄트 백작이었다.

그는 자신이 평생을 모셔온 늙은 왕이 잘못된 길로 빠지는 것을 차마 볼 수 없어 변장을 하고 찾아온 것이었다. 그러나 늙은 왕은 이 사내가 켄트 백작인 줄을 전혀 눈치채지 못했다.

그 날 저녁, 카이어스는 자신의 충성심을 곧장 실행에 옮겼다. 그는 고너릴의 사주를 받은 시종이 리어왕에게 불경스러운 행동을 하자 그 자리에서 그자의 발을 걸어 넘어뜨려 개집에 처넣어 버렸다.

이를 본 리어왕은 통쾌해하며 카이어스를 좋아하게 되었다. 그리고 카이어스를 말벗으로 삼고 가까이 대했다.

리어왕에게는 또 한 사람의 말벗이 있었다. 그는 궁궐에 있던 때부터 왕이 데리고 있던 어릿광대이다. 그는 비록 신분은 낮았지만 딸의 구박을 받는 지금의 리어왕에게는 더할 수 없이 좋은 말벗이었다.

그는 재치 있는 말로 왕을 기분좋게 했지만 때로는 딸들에게 왕관이며 왕국을 내어 준 왕의 무분별함을 야유하기도 했다. 어떤 때는 고너릴 앞에서도 비아냥과 익살로 그의 진심을 쏟아 냈다.

그러자 어느 날 고너릴이 늙은 왕에게 말했다.

"솔직히 이 궁전에 수행원을 100명씩이나 두는 것은 쓸데없는 짓이에요. 우선 제가 불편해서 못살겠어요. 너무나 시끄럽고 놀이터 같아요. 그러니까 젊은 사람들은 모두 내보내고 아버지 또래의 노인네들하고나 어울리도록 하세요. 아셨어요?"

"뭐, 뭐라고?"

리어왕은 자신의 귀를 의심했다. 자신의 딸이 그렇게 불손하고 냉정 하다니 도저히 믿어지지 않았다.

"에잇, 악마 같은 년. 배은 망덕도 분수가 있지. 내 당장 이 곳을 떠나고 말리라."

늙은 리어왕은 말을 타고 맏딸 고너릴을 저주했다.

"네 년도 이담에 자식을 낳거들랑 꼭 너 같은 자식

을 낳아서 너같이만 길러라. 퉤에!"

그 때 고너릴의 남편 알바니 공작이 나와 변명을 늘어놓았다.

"폐하, 고정하십시오. 저 사람이……."

몹시 화가 난 리어왕은 듣지도 않고 수행원들을 거느리고 둘째 딸 리건의 집으로 향했다.

리어왕은 먼저 카이어스 편에 편지를 보내 리건이 자기를 영접하게끔 하고 자신은 수행원들과 함께 천천히 뒤따라갔다.

한편, 고너릴은 심부름꾼을 시켜 동생 리건에게 편지를 보냈다. 그것은 아버지의 고집과 나쁜 성질을 비난하며 수행원들을 절대로 집안에 받아들이지 말라는 내용의 편지였다.

그런데 그 심부름꾼과 카이어스가 리건의 궁전에서 맞부딪쳤다. 고너릴의 심부름꾼은 전에 카이어스가 발을 걸어 넘어뜨린 적이 있었던 바로 그자였다.

그를 본 순간 카이어스는 또다시 정의감이 발동하여 그자를 마음껏 두들겨패 주었다.

이 일은 곧 리건과 그의 남편의 귀에 들어갔다. 그러자 그들은 하인들을 시켜 카이어스를 기둥에 붙잡아 매어 두라고 명령했다.

얼마 후, 리어왕이 리건의 궁전에 도착했다.
"아니, 자네가 왜?"
기둥에 묶여 있는 카이어스를 보고 리어왕이 놀라 물었다. 그러나 이보다 더 나쁜 일이 리어왕을 기다리고 있었다. 왕이 도착했는데도 불구하고 리건과 그녀의 남편은 코빼기도 보이지 않았다.
왕이 그들에 대해 묻자 한참만에야 대답을 보내 왔다. 그것은 밤을 새워 여행을 한 탓으로 피로하여 왕을 맞이할 수 없다는 것이었다.
"뭐야? 늙은 아비가 먼 길을 찾아왔는데도 피로해서 꼼짝을 못한다고? 좋다! 그럼 얼마나 피로한지 내가 직접 그들을 만나 위로해 줘야겠구나."
늙은 리어왕은 화를 내며 자리에서 벌떡 일어섰다.

그러자 마지못해 전갈을 받은 리건 부부가 인사를 왔다. 거기에는 고너릴도 끼어 있었다. 그녀는 동생 리건에게 아버지에 대한 적개심을 부추기기 위해 온 것이었다.

이를 본 늙은 왕은 더욱 화가 치솟아 고래고래 소리쳤다.

"고너릴, 이 늙은 아비의 허연 수염을 보고도 부끄럽지 않느냐? 어서 썩 꺼지지 못하겠느냐? 다시는 네 꼴을 보고 싶지 않다."

리건이 냉정한 목소리로 말했다.

"아버지, 고정하세요. 부디 고너릴 언니와 함께 돌아가세요. 그리고 수행원은 절반으로 줄이고, 언니한테 사과하세요. 아버지는 지금 너무 늙으셔서 판단력이 흐려지신 거예요. 제발 고집피우지 말고 젊은 사람 말 좀 들으세요."

"무슨 소리? 난 그렇게 맘에 없는 대접은 받고 싶지 않아. 절대로 돌아가지 않을 테다. 난 오늘부터 여기서 머물 테다. 그러니 너도 그런 줄 알거라. 내가 네게 준 왕국의 반을 잊지는 않았겠지? 더구나 넌 네 언니처럼 성깔이 모질지도 않고 얼마나 친절하니. 고너릴한테로 돌아갈 바에야 차라리 프랑스로

가겠다. 거기 가서 막내딸한테 생활 보조금을 구걸하면서 사는 게 훨씬 낫지."

늙은 왕은 중언부언 이야기를 늘어놓았다. 리건이 다시 말했다.

"아버지, 아버지를 모실 수행원은 50명도 많아요. 아니 25명으로도 충분해요. 늙으신 분이 뭘 그렇게 많은 수행원이 필요하단 말씀이세요?"

이번에는 고너릴이 끼어들었다.

"하하, 25명이라니 그것도 과분하지. 우리 집 하인들이며, 리건네 하인들이 돌봐 드리면 될 텐데, 뭘 그래요? 안 그러니, 리건?"

"오호, 이럴 수가?"

늙은 왕은 너무나 돌변한 딸들의 태도에 기가 질려 버렸다. 은혜를 모르는 딸들과, 너무나 어리석게도 자신의 왕국과 권력을 주어 버린데 대한 자책감으로 그의 정신은 혼미해지기 시작했다. 왕은 자신도 이해할 수 없는 말을 중얼거리며, 복수를 하고야 말겠다며 맹세의 말까지 해댔다.

그러는 동안 날이 어두워졌다. 게다가 천둥과 번개가 치더니 비까지 쏟아졌다. 딸들은 여전히 왕의 수행원들을 해고하라며 고집을 꺾지 않았다.

마침내 리어왕이 말했다.

"내가 이런 배은 망덕한 딸들과 한 지붕 아래 사느니 차라리 저 들판으로 나가 폭풍우와 싸우겠노라. 얘들아, 어서 말을 대령하라!"

그 날 밤, 리어왕은 폭풍우를 맞으며 온 들판을 정신없이 쏘다녔다. 사방이 칠흑처럼 어두운데다 폭풍우에 천둥 번개까지 쳐댔다.

이제 늙은 리어왕에게는 아무도 없었다. 전부터 그의 곁에서 기발한 익살로 왕을 즐겁게 해 주던 어릿광대만이 오직 왕의 곁을 지키고 있었다.

그 때 리건의 집 기둥에 묶여 있던 카이어스가 간신히 탈출에 성공해서 달려왔다.

"폐하, 이런 밤은 짐승들도 좋아하지 않습니다. 어서 비를 피하셔야 합니다. 옥체가 상할까 염려되옵니다."

카이어스의 애원에 왕은 간신히 들판에 있는 오두막으로 들어갔다. 그런데 먼저 안으로 들어갔던 어릿광대가 비명을 지르며 뛰쳐나왔다.

"으악, 유령이야 유령!"

"유령이라니?"

이번에는 카이어스가 조심스럽게 안으로 들어가

보았다. 오두막 안에 웬 사내가 낡아빠진 담요를 허리에 두르고 비참한 꼴로 앉아 있었다. 그것은 비를 피해 들어와 있던 거렁뱅이였다.

이를 보고 늙은 왕이 말했다.

"허허, 네 놈도 딸에게 모든 것을 주어 버린 멍청한 놈인 모양이로구나. 그렇지 않고서야 네 꼬락서니가 그럴 수는 없지. 안 그러냐? 하하하."

이제 리어왕은 정신마저 오락가락하는 듯했다.

'이대로 있다간 안 되겠어. 폐하를 우선 도버성으로 모셔야겠어.'

카이어스, 아니 켄트 백작은 친구들이 있고 아직은 자신의 힘이 미치는 도버성으로 리어왕을 모셨다. 그리고 프랑스로 건너가 코델리어에게 리어왕에 대한 소식을 전했다.

"오호, 불쌍한 아버지!"

이야기를 듣고 난 코델리어는 눈물을 흘렸다. 코델리어는 남편인 프랑스 왕에게 아버지를 다시 복위시킬 수 있도록 도와 달라고 간청했다.

마침내 프랑스 왕의 허락을 받은 코델리어는 군대를 이끌고 도버에 상륙했다.

그 사이 리어왕의 병세는 더욱 나빠졌다. 리어왕은

경호원이 한눈을 팔고 있는 사이에 몰래 밖으로 나가 옥수수밭을 누비고 다니며 잡초를 뜯어 머리에 쓴 채 큰 소리로 노래를 부르며 쏘다녔다.

코델리어는 불쌍한 아버지를 의사들에게 맡기고 진심으로 부탁했다.

"폐하께서 하루빨리 건강을 회복하도록 힘써 주세요. 그 대가로 내가 가진 금은보석을 모두 내놓겠어요."

코델리어는 머리맡에 앉아 늙은 아버지를 정성껏 간호했다. 수척해진 얼굴, 헝클어진 흰 머리에 허연 수염, 깊이 패인 주름. 잠자는 아버지의 얼굴을 바라보는 코델리어의 마음은 찢어지는 듯 아팠다.

예전의 왕국을 호령하던 그 위엄은 찾을 수가 없었다. 그녀의 앞에는 초라한 한 늙은이가 침대에 멍하니 누워 있을 뿐이었다. 문득 아버지를 이렇게 만든 언니들에 대한 원망이 물밀 듯 밀려왔다.

얼마 뒤, 왕이 의식을 회복했다. 무릎을 꿇고 기도하고 있던 코델리어가 다정하게 입을 맞추었다.

왕은 다정하게 미소짓는 그 귀부인이 누구인지조차 기억하지 못했다. 늙은 왕은 얼른 침대에서 내려와 코델리어에게 무릎을 꿇으며 옆 사람에게 말했다.

"내가 이 부인을 막내 공주인 코델리어로 생각하더라도 비웃지 말아 주시오."

그러자 코델리어가 얼른 무릎을 꿇고 아버지의 이마에 입을 맞추었다.

"아바마마가 무릎을 꿇으시다니요? 제가 무릎을 꿇는 것은 자식으로서 마땅한 일이나, 아버지가 자식에게 무릎을 꿇는 법은 없습니다. 아바마마, 제가 막내딸 코델리어예요."

코델리어는 눈물을 흘리며 말을 이었다.

"원수의 개가 물었다 할지라도 그런 폭풍우가 치는 밤에는 따뜻한 난로가에서 돌봐 주었을 것을. 하물며 늙으신 아버지를 몰아 내다니! 이건 정말로 세상이 부끄러운 일이야. 아버지, 이제는 걱정 마세요. 제가 아바마마를 모시겠어요."

리어왕은 정신이 드는 듯 코델리어를 빤히 바라보더니 용서를 빌었다.

"코델리어! 내가 어리석어서 너의 가슴을 아프게 했었구나. 날 용서해 다오."

얼마 후, 코델리어의 극진한 간호를 받은 리어왕은 건강을 회복하고 마음의 안정을 찾게 되었다.

한편, 늙은 아버지를 구박하던 두 딸은 자신들의

남편에게도 충실하지 못했다. 그들은 서로가 에드먼드란 남자를 사랑하는 연적이 되어 있었다.

리건은 남편인 콘월 공작이 죽자 서둘러 에드먼드와 결혼하겠다고 언니에게 말했다. 그러자 고너릴은 질투심에 어찌할 바를 몰랐다.

'흥! 누가 가만히 두고 볼 줄 알고?'

고너릴은 독약을 이용해 동생 리건을 죽였다. 범행은 곧 들통이 나서 고너릴은 남편인 알바니 공작에 의해 감옥에 갇히는 신세가 되었다.

"내 신세가 이게 뭐람? 안 돼, 안 돼!"

감옥에 갇힌 고너릴은 울화를 참지 못해 스스로 목숨을 끊고 말았다.

그런데 그 무렵 코델리어 역시 왕위를 놓고 간악한 음모에 빠져 억울하게도 죽고 말았다.

효성스러운 딸 코델리어를 잃은 리어왕은 또다시 슬픔에 잠기고 말았다. 그리고 얼마 후 쓸쓸히 세상을 떠나고 말았다.

생각의 무지개

　이 이야기는 영국의 극작가 셰익스피어의 4대 비극 중의 하나로 손꼽히는 '리어왕' 이야기를 재구성한 것이에요.
　리어왕의 비극은 고집과 노망, 사람을 제대로 판단하지 못하는 통찰력 부족 등의 원인에서 비롯되었다고 볼 수 있지요.
　아첨을 늘어놓은 두 딸에게 전 왕국과 권력을 넘겨 주었다가 마침내는 거지 신세가 되어 숱한 고생을 겪은 뒤에야 비로소 자신이 빈털털이로 쫓아 냈던 막내딸의 진실된 사랑을 깨닫게 됩니다.
　우리들의 비극은 이처럼 상황을 제대로 파악하지 못하는 데서 시작되는 경우가 허다하지요. 그것은 바로 '나' 위주의 생각, '나' 만을 생각하는 이기심 때문이기도 하지요. 왜냐 하면 '나'만 생각하다 보면 우리의 생각하는 마음이 좁아지고, 세상을 바라보고 판단하는 눈이 흐려지기 때문이지요.

소탈을 머리에 쓴 사내

글 이호일 · 그림 이미라

옛날 게으름뱅이로 소문난 사내가 살았다. 그는 먹고 자는 일 말고는 도무지 하는 일이 없었다. 사철 내내 방 안에서 뒹굴뒹굴 누워서 하루 해를 보냈다.
가을이 되어 집안 사람 모두가 일손이 딸려서 발을 동동 굴러도 그는 손가락 하나 움직이지 않고 방에만 틀어박혀 빈둥빈둥 놀았다.
"여보, 나와서 이것 좀 거들어 줘요."
아내가 힘에 부쳐 부르면 그는 짜증을 내며 오히려 큰 소리쳤다.
"그냥 놔 둬요. 나중에 내가 할 테니까. 사람이 좀 쉬고 있는데, 그게 그렇게 못마땅하오?"
하지만 사내는 나중이고 언제고 꼼짝도 하지 않았다. 무슨 물건이든 치우지 않고 놔 두면 그 물건은 언제나 그 자리에 그대로 있었다.

아내는 이런 남편을 볼 때마다 화가 치밀었다.

"하루 온종일 일을 해도 입에 풀칠을 할까 말까 한데, 허구헌날 이렇게 놀기만 하면 어쩔 셈이에요. 제발 밖에 나가 다들 얼마나 열심히 살려고 발버둥치는지 구경이라도 좀 해요."

아내가 아무리 잔소리를 해도 사내는 들은 척도 안 했다. 그가 하는 일이라고는 밥상을 가져다 놓으면 먹고 그 자리에 또 드러누워 온종일 빈둥거리는 일이 전부였다.

'아이고, 웬수가 따로 없어. 어쩌면 저렇게도 게으른지…….'

아내는 또 구시렁거리면서 마당에서 콩을 털고 있었다.

방 안에 누워 뒹굴던 사내는 은근히 부아가 났다.

'에이그, 이놈의 집은 사람을 가만히 안 둔다니까. 차라리 어디 먼 데나 가 버릴까 보다.'

사내는 아내의 잔소리를 참다 못해 집을 나왔다.

 산길을 따라 얼마쯤 가니 황소가 그늘에 앉아 우물우물 새김질을 하고 있었다. 그 모습을 보니 너무나 부러웠다.
 '넌 참 팔자도 좋구나. 한가하게 앉아서 풀이나 뜯어먹고 있으니 말야.'
 사내는 한동안 황소 앞에 멍하니 앉아 있다 다시 길을 걸어갔다.
 얼마를 또 걸어가니 웬 노인이 앉아서 무언가를 들고는 혼자 중얼거렸다. 가만히 다가가 보니 그것은 소머리를 본뜬 탈바가지였다.
 사내가 노인에게 말을 걸었다.
 "노인장, 그 탈바가지는 왜 가지고 다니시오?"
 "이것 말이오? 다 쓸 데가 있수다."

노인은 묻는 말에 대답은 않고 그냥 멀거니 사내를 쳐다봤다.

"왜 제 얼굴에 뭐가 묻었습니까?"

"아니 묻은 것이 아니라, 이 탈바가지를 쓰면 아주 꼭 맞을 것 같아서……."

"꼭 맞다니요?"

사내가 의아해서 쳐다보자 노인이 말했다.

"사실, 이 탈바가지는 보통 탈바가지가 아니라오. 이걸 쓰면 세상이 편안하고, 온종일 가만히 있어도 누구 하나 참견하지 않는 참으로 신기한 거지요."

사내는 귀가 솔깃했다.

"어르신, 그게 정말이에요. 세상에 그런 신기한 것이 다 있단 말이에요?"

"그렇다니까요. 아, 믿기지 않으면 직접 한번 써 보면 알 것 아니오."

노인의 말에 사내는 부쩍 호기심이 생겼다. 세상이 편안하고 누구도 이래라저래라 참견하지 않는다니 사실이 그렇다면 천금을 주고라도 써 보고 싶었다.

"어르신, 그럼 지금 한 번 써 볼 수 있을까요?"

"그러슈. 나도 여태 쓰고 있다가 이제 막 벗은 참이라오. 백문이 불여일견이라고 백 번 얘기로 듣는 것보다 한 번 직접 써 보는 게 낫지."

사내가 고개를 들이밀자 노인이 소 탈바가지를 머리에 씌워 주었다.

아, 그런데 이게 어찌된 일인가?

머리에 탈바가지를 덮어 쓰는 순간 머리가 꽉 조여지더니 옴짝달싹도 하지 않았다. 머리가 천 근이나 되는 것처럼 무겁고 아팠다.

사내가 너무 아파 비명을 질렀다.

그런데 놀랍게도 사내의 입에서 비명 소리가 나오는데, '음머음머' 소 울음소리가 나오는 것이었다.

그뿐이 아니었다. 사내의 몸은 어느 새 황소로 변해 있었다. 손과 발은 각기 네 개의 발로 변해서 땅을 딛고 있었고, 온몸은 누런 털로 덮여 버렸다. 그것은 영락없는 황소의 모습 그대로였다.

사내는 온몸을 비틀며 탈바가지를 벗으려고 몸부림을 쳤다. 그러자 노인이 채찍을 모질게 휘두르며 나무랐다.

"이놈의 황소가 왜 이리 버둥거려. 네놈이 그러면 회초리밖에 더 맞냐? 찰싹찰싹."

소리가 나도록 찰싹거리며 때리는 회초리의 고통은 또 이루 말할 수가 없었다.

99 · 소탈을 머리에 쓴 사내

잠시 후, 노인이 황소의 몸에 고삐를 채우더니 어디론지 끌고 갔다.

소가 된 사내는 너무 아파 고함을 질렀지만 그 소리는 자꾸 '음머음머' 하는 소 울음소리로만 나왔다. 그 때마다 노인은 시끄럽다며 더욱 세게 채찍을 휘둘러댔다.

"이랴이랴! 아니, 이놈의 소가 왜 이렇게 소릴 질러 대는 거야. 시끄럽게."

회초리 세례에 사내는 입을 꾹 다물 수밖에 없었다. 소리를 질러 봐야 돌아오는 건 매뿐이었기 때문이다.

'아이고 아이고, 이제 난 소가 되고 말았구나. 아이

고, 이 일을 어찌한단 말이냐?'

소가 된 사내는 소리도 지르지 못하고 구슬 같은 눈물을 뚝뚝 흘렸다.

한참을 노인의 손에 이끌려 가 보니 그 곳은 소를 팔고 사는 시장이었다. 여기저기 주인 손에 이끌려 나온 소들이 꽤 많았다. 사내도 그 소들 틈에 끼어 서 있었다.

얼마가 지났을까? 한 농부가 노인에게로 오더니 흥정을 벌였다. 흥정이 잘 되었는지 농부가 노인에게 돈을 세어 주었다.

노인이 농부에게 고삐를 넘겨 주며 말했다.

"참 싸게 잘 사신 거요. 그런데 한 가지 꼭 명심해야 할 일이 있소이다."

"그게 무엇인데요?"

"소한테 절대로 무를 먹이지 말라는 거요. 무하고 이 소하고는 상극이란 말이오."

"그럼 죽기라도 한단 말입니까?"

"그렇다오. 그러니까 그것만 조심하면 돼요. 그리고 참 한 가지 더 말하자면 꾀가 많고 게으른 놈이니까 회초리로 때리면서 일을 시키도록 해요."

"허참, 별난 소도 있습니다. 아무튼 잘 알았습니다."

소가 된 사내는 농부를 따라 어기적어기적 걸어갔다. 그리고 그 날 저녁부터 외양간에서 잠을 자야 하는 신세가 되었다.
'아이고, 내 신세가 이게 뭐람. 아이고 아이고!'
사내는 밤새 냄새나고 축축한 외양간 바닥에 누워 신세 한탄을 했다. 그렇지만 모든 것이 쏟아진 물이고 깨어진 그릇이 되고 말았다.

이튿날 날이 채 밝기도 전에 농부가 외양간으로 여물을 가지고 왔다.

"많이 먹어라. 온종일 일을 하려면 많이 먹어 두는 게 좋아."

여물을 입에 대어 보았다. 도무지 먹을 수가 없었다.

"네가 그렇게 밥 안 먹고 엄살을 부려 봐야 소용없어. 내가 속을 줄 알고……."

농부는 등에 쟁기를 얹더니 들판으로 끌고 나갔다.
소가 된 사내는 온종일 쟁기를 끌며 논과 밭을 갈았다. 비틀거리기라도 하면 농부는 사정없이 회초리를 휘둘러댔다.
"이놈의 소가 어디서 꾀를 부리는 거야. 회초리 맛 좀 볼래. 철썩철썩."
너무 아파 비명을 질렀다.
'음머 음머.'
일은 하루 종일 쉬지 않고 계속되었다. 해가 저문 뒤에는 달구지에 또 엄청난 짐을 싣고 집으로 돌아왔다. 뼈마디가 산산이 끊어지고 부서지는 것만 같았다.
그 날 저녁 소가 된 사내는 끙끙 신음 소리를 내며 앓았다. 지나간 날이 문득 후회가 되면서 눈물이 주르륵 흘렀다. 고생하며 일하던 아내 생각도 났다.
'내가 게으름을 피우다 벌을 받게 된 거야. 아내는 지금 어떻게 살고 있을까? 나를 찾기라도 할까, 아니면 다시는 안 보게 되어서 덩실덩실 춤이라도 출까?'
그 때 어둠 속에서 무언가가 이쪽을 바라보는 듯한 느낌이 들었다. 자세히 보니 생쥐가 고개를 까딱거리

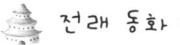

며 지켜 보고 있었다. 생쥐는 찍찍 소리를 내더니 소 등에 올라타서는 마치 제 놀이터인 양 뛰어다니며 놀았다.

'네놈조차 나를 놀리는구나. 예끼 요놈!'

소가 된 사내는 꼬리를 휘익 쳐올리며 생쥐를 한 방 먹였다. 그 바람에 생쥐는 놀랐는지 쥐구멍으로 도망치더니 다시는 나오지 않았다.

고달픈 생활은 날마다 계속되었다.

"이랴이랴, 이놈의 소가 왜 이렇게 힘을 못 써."

조금 비틀거리기라도 하면 농부는 회초리를 들어 후려쳤다.

소가 된 사내는 도저히 견딜 수가 없었다. 비가 쏟아지는 날이라야 겨우 쉴 수 있는 시간이 있었다.

사내는 마침내 독한 마음을 먹었다.

'이렇게 소가 되어 평생을 사느니 차라리 죽는 게 나아.'

사내는 더 이상 살고 싶지가 않았다.

하루는 농부가 달구지에 짐을 잔뜩 싣고 이웃 마을로 끌고 갔다. 짐이 무거운데다 길까지 울퉁불퉁해서 걷기조차 힘들었다. 달구지 바퀴는 덜컹덜컹, 다리는 비틀비틀, 자연히 발걸음이 더뎠다. 그러자 농부가 또 투덜거리며 회초리로 엉덩이를 후려쳤다.

'아이구 아파라, 음머음머.'

소리를 질렀지만 농부는 들은 체도 안 했다. 그저 달구지 위에 앉아서 마치 왕이라도 된 양 채찍만 흔들어댔다.

그런데 얼마쯤 갔을까?

길가에 무밭이 있었다. 땅위로 붕긋 솟은 무를 보는 순간 사내는 문득 전에 노인이 농부에게 했던 말이 생각났다.

'소한테 절대로 무를 먹이지 마오. 무하고 이 소하고는 상극이란 말이오.'

소가 된 사내는 농부가 눈치채지 못하게 슬쩍슬쩍 무밭을 곁눈질했다. 그러면서 모른 척 길을 걸어갔다.

왜냐 하면 지금은 짐이 무거워서 도저히 달구지를 끌고 무밭까지 뛰어갈 수가 없었다. 그래서 빈 수레로 돌아오는 길에 꼭 무를 먹으리라 다짐했다.

'그래, 저 무를 먹으면 죽는다고 했어. 이따가 돌아오는 길에 어떻게 해서든지 저 무를 먹고 말 거야. 죽어 버리면 이런 고통스런 일은 더 이상 안 할 테니까.'

모든 것을 체념한 사내는 마음을 단단히 먹었다. 지나가는 소들이 이상한 낌새를 눈치채고 소리를 지르며 덤볐지만 아무렇지도 않은 듯 스쳐 지나갔다.

드디어 짐을 부리고 돌아오는 길이었다.

해가 어느덧 서산마루를 넘어 뉘엿뉘엿 넘어가고 있었다. 농부 역시 하루 일이 피곤했던지 달구지 위에 누워 소에게 길을 맡기고 있었다.

'덜커덩덜커덩.'

짐을 내려서 가벼운 때문인지 달구지의 바퀴 소리가 유난히 덜커덩거렸다.

사내는 아까 보아 둔 무밭이 어디인지 열심히 살펴봤다. 문득 저만큼 떨어진 곳에 희끗희끗 무들이 땅 위로 솟아나온 것이 보였다.

사내는 다시 한 번 마음을 굳게 먹었다.

'기회는 지금뿐이야. 이번에 실패하면 다시는 기회가 없을지도 몰라.'

무밭이 바로 눈앞에 나타났다. 사내는 힐끗 파리를 쫓는 체하며 농부가 무얼 하고 있는지 뒤돌아보았다. 농부는 눈을 감고 달구지에 몸을 맡긴 채 이리 흔들 저리 흔들 누워 있었다.

'옳지, 이 때다!'

소탈을 쓴 사내는 재빨리 달구지를 매단 채로 무밭을 향해 뛰어들었다. 달구지가 사납게 흔들리자 농부가 놀라 소리쳤다.

"이놈의 소가 미쳤나? 멀쩡한 길을 놔 두고 무밭으로 들어가다니?"

농부가 사정없이 회초리로 갈기며 고삐를 끌어 잡아당겼다.

소가 된 사내는 얼른 입으로 무를 뽑아 물었다.

'여보, 나 먼저 저 세상으로 가리다. 그 동안의 모든 죄를 용서하오.'

사내는 우적우적 무를 씹어 삼켰다.

그런데 이게 어찌된 일인가?

죽기는커녕 그토록 머리를 짓누르던 소 탈바가지가 스스르 풀어지는 것이었다.

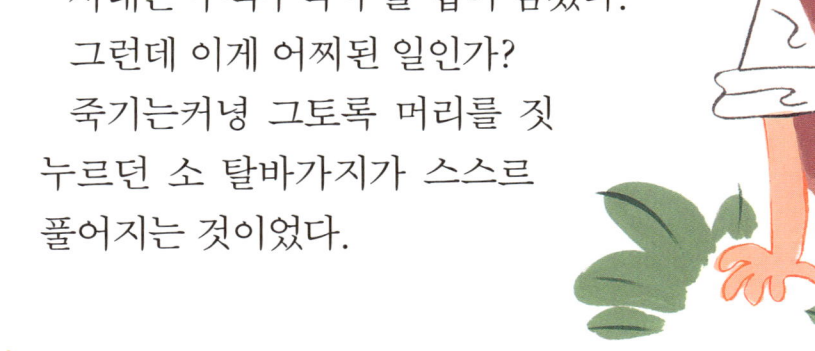

그 모습을 본 농부 역시 깜짝 놀라 서 있었다. 농부는 사내를 보더니 무슨 큰 죄라도 지은 사람처럼 오들오들 떨었다.

"저, 저어, 사람이요 소요? 도대체 뭐요?"

농부가 떨리는 목소리로 사내를 향해 물었다. 그러자 사내가 주위를 살피더니 말을 꺼냈다.

"사실 전 소가 아니라 사람입니다. 놀라셨다면 죄송합니다."

사내는 자기가 소가 된 사연을 털어 놓았다. 그리고는 부끄러워 몸둘 바를 몰라했다.
　얼마 후, 사내는 농부와 헤어져 전날 노인을 만났던 곳으로 가 보았다. 그런데 노인의 흔적은 온데간데없고, 그 날 사내가 신고 있던 짚신 한 켤레만이 풀밭에 덩그러니 놓여 있었다.
　사내는 짚신을 집어들고 터벅터벅 집을 향해 발걸음을 떼었다.
　그 때 집에서 사내를 목이 빠지게 기다리고 있던 아내가 맨발로 뛰어나오며 외쳤다.
　"여보, 어디 갔다 이제 오는 거예요. 내가 그 동안 얼마나 찾아 헤맸는지 알아요."
　"여보, 미안하오. 내가 그 동안 너무나 잘못했소."
　사내는 아내의 손을 꼭 잡고 후회의 눈물을 흘렸다.
　그 후, 사내는 마을에서 누구보다 부지런하고 성실한 일꾼이 되었다고 한다.

생각의 무지개

　이 이야기는 우리 나라 전래 동화로, 게으름뱅이 사내의 이야기가 재미있게 희화적으로 그려져 있지요.
　옛날이나 지금이나 동양이나 서양이나 게으름뱅이는 누구한테고 환영받지 못하지요. 만일 여럿이 청소를 하는데 누군가 한 사람 게으름을 피우고 제 할 일을 등한시한다면 어떻게 될까요? 함께 청소하는 사람 모두 불쾌감을 느끼게 될 것은 뻔한 일이겠지요. 이러한 일 정도는 친구간의 정을 생각해서 눈감아 줄 수도 있어요. 하지만 번번히 똑같은 일이 반복된다면 누구도 그와는 친구가 되려 하지 않을 거예요.
　그런데 만일 적과 맞서고 있는 상황에서 게으름을 피우는 군인이 있다면 그의 소홀함은 개인의 문제를 떠나서 나라와 민족의 안전까지도 위험에 빠뜨릴 수 있지요.
　그러니 각자의 마음 속에서 제일 먼저 게으름을 물리치도록 힘써야 하겠습니다.

문지기가 되기를
소원한 사나이

글 이동태 · 그림 박지영

"네 소원이 무엇이냐 하고 하느님이 물으시면 나는 서슴지 않고, '내 소원은 대한 독립이오.' 하고 대답할 것이다. 그 다음 소원은 무엇이냐 하면 나는 또, '우리 나라의 독립이오.' 할 것이요, 또 그 다음 소원이 무엇이냐 하는 셋째 번 물음에도 나는 더욱 소리 높여서, '나의 소원은 우리 대한의 완전한 자주 독립이오.'
하고 대답할 것이다."

이 말은 평생을 조국의 자주 독립과 민족 통일을 위해 애쓰던 백범 김구의 말이다.

김구는 1876년 7월 11일(음력) 황해도 해주 백운방 텃골에서 태어났다. 그는 어릴 적부터 행동이 유별나고, 성격 또한 불처럼 화끈했다고 한다.

한번은 마을 아이들이 한통속이 되어 김구를 때린 적이 있었다. 얻어 맞고 가만히 있을 그가 아니었다.

그는 분에 못이겨 집에 있는 부엌칼을 들고 쫓아갔다가 동네 형들한테 오히려 실컷 두들겨 맞고 돌아온 적이 있었다.

들에서 돌아온 어머니가 부엌칼이 없다며 사방을 뒤지고 찾았지만 김구는 모른 척 시치미를 떼었다.

또 한번은 엿장수가,

"헌 유기나 부러진 수저 받아요. 엿들 사시오, 엿 사!"

하고 소리치자 아버지의 멀쩡한 숟가락을 발로 부러뜨려서 엿을 사 먹은 적이 있다. 부러진 숟가락이라야만 엿을 주는 줄 알았다는 것이다.

또 어느 날은 아버지가 엽전 꾸러미를 이불 속에 넣는 것을 보고, 몽땅 들고 나가 떡을 사 먹으려다가 호되게 매를 맞은 적도 있다.

그뿐이 아니었다. 장마비가 그친 어느 날이었다.

집 근처에 여기저기 작은 실개천이 흐르자 그는 어머니가 아껴 둔 물감통을 들고 나가 한쪽에는 빨간 물감을 풀고, 또 다른 물줄기에는 파란 물감을 풀어 놓고는 빨간 물과 파란 물이 한데 어우러지는 것을 보며 신이 나서 아이들과 떠들며 놀았다. 이 일로 회초리를 맞은 것은 두말 할 것도 없다.

어린 시절 그는 이처럼 철없는 엉뚱한 행동을 해서 어른들을 애먹였다. 그런 김구에게 세상살이에 관한 이야기가 어느 날 귀에 들어왔다.

김구의 나이 12살 때의 일이다. 하루는 어른들이 집안 이야기를 하는데, 집안의 어느 할아버지가 밤에 관(양반만 쓰도록 되어 있는 모자)을 쓰고 사돈을 만나러 갔다가 양반한테 들켜 관을 찢기우고 호되게 경을 쳤다는 것이다.

옆에서 가만히 듣고 있던 김구가 물었다.

"양반은 어찌해서 양반이 되고, 우리는 어째서 상놈이 되었습니까?"

"글공부를 해서 과거에 급제만 하면 양반이 돼. 하지만 그게 어디 쉬울라구?"

그 말을 들은 김구는 속으로 다짐했다.

'좋았어. 열심히 글공부를 해서 과거에 꼭 급제할 거야.'

그러나 가난한 집안 형편에 공부를 하기란 결코 쉬운 일이 아니었다. 다행히 큰어머니의 친척뻘 되는 사람 중에 학문이 높은 분이 있어, 학비를 면제받고 다닐 수 있는 길이 열렸다. 김구는 산길을 넘어 10리나 되는 먼길을 다녔다.

　그리고 얼마 후의 일이었다.
훈장님이 해주에서 과거를 치른다는 발표가 났다며 학생들에게 앞으로는 과거 시험이 없어질 거라는 말을 했다.
　'이번이 마지막 과거라고? 그럼 꼭 치러야지.'
　그러나 시험장에 나간 김구의 실망은 너무나 컸다. 아무리 글공부가 뛰어나도 소용없었다. 진사에 급제할 사람을 미리 정해 놓을 정도로 과거 시험은 뇌물로 얼룩져 있어 치르나마나였다.
　실망에 빠진 김구에게 아버지가 말했다.
　"차라리 풍수 공부를 하든지 관상 공부를 하려무나. 풍수를 잘 배우면 명당을 얻어서 자손이 복을 누릴 것이고, 관상을 잘 보면 성인 군자를 만날 테니 말이야."

그 말에 김구는 석 달 동안 꼼짝 않고 거울만 들여다봤다. 그러나 아무리 제 얼굴을 뜯어 봐도 복이 될 만한 좋은 구석이라곤 없었다.

'에잇, 이 짓도 못할 거야. 이 관상에 뭘 하겠다고!'

김구는 관상 공부를 집어치우고 이번에는 군사 전략에 관한 책들을 읽었다.

그 무렵, 계룡산에 정도령이 나라를 세우고 도읍을 정할 것이라는 둥, 동학의 도를 받으면 신출귀몰하며, 축지법을 써서 하룻밤에 충청도를 다녀온다는 둥 희한한 소문이 떠돌았다.

'뭐, 문을 열지 않고도 바깥을 들락거린다구?'
 호기심이 발동한 김구는 20리나 되는 길을 걸어서 동학 도인이란 선비를 찾아갔다. 바로 18살이 되던 해 정초였다.
 공손히 절을 하자 동학 도인이라는 선비가 맞절을 했다.
 '세상에 양반이 이 상놈 천것한테 맞절을 하다니!'

　김구는 어리둥절했다. 동학 선비는 동학의 내력에 대해 설명하며, 사람은 누구나 평등하며 빈부귀천의 차별이 없다고 했다.

　그 말은 김구의 마음을 사로잡았다. 상놈으로서 한이 뼛속깊이 맺혀 있는 그에게는 참으로 솔깃한 말이었다.

　단번에 동학에 빠져든 김구(이 때부터 창암이란

이름 대신 김창수란 이름 사용)는 많은 사람들을 동학 교도로 모아들였다. 그리하여 18살에 '접주' 라는 직함을 받았다.

그 무렵 전라도에서 탐관오리들의 시달림을 견디다 못한 동학 교도와 농민들이 전봉준을 중심으로 해서 군사를 일으켰다. 이를 계기로 각 곳의 동학 교도들도 모두 봉기하라는 명령이 전해졌다.

김구는 동학군을 이끌고 해주성을 공격했다. 그러나 뜻을 이루지 못하고 청계산에 있는 안태훈 진사의 집으로 피신했다.

123 · 문지기가 되기를 소원한 사나이

안태훈 진사는 훗날 이토 히로부미를 저격한 안중근의 아버지이다. 당시 김구가 본 안중근은 총 솜씨가 뛰어난 13살 소년이었다.

그 곳에서 김구는 고능선이란 선비로부터 나라를 위하는 길이 무엇인가를 배우게 되었다.

"나라가 망하는 데도 장하게 망하는 것이 있고, 더럽게 망하는 것이 있지. 백성이 의롭게 싸우다 망하는 것은 장하게 망하는 것이고, 백성이 여러 패로 찢어져 외국에 아첨하고 제 동포끼리 싸워서 망하는 것은 더럽게 망하는 것이야. 왜놈이 황제가 계신 궁궐까지 들어가 이 나라를 좌지우지하니 말이 되는 일인가? 만고에 망하지 않는 나라가 없고, 천하에 죽지 않는 사람이 없지. 이제 우리한테 남은 것은 나라를 위해 몸을 바치는 것뿐이야."

고능선의 말에 김구는 슬픔이 치받쳤다.

"선생님, 쓰러지는 우리 나라를 세울 방법은 없습니까?"

"한 가지 있지. 그건 청나라와 좋은 관계를 갖는 것이야. 청나라가 전에 왜놈한테 진 원수를 반드시 갚으려고 할 것이니, 그쪽 사람들과 친분을 맺어 두었다가 훗날 기회가 오면 적절히 이용하는 것도 한 방법이지."

고능선의 말에 김구는 견문을 넓힐 겸 두만강과 압록강 너머 일대를 다녀왔다. 그리고 상당한 세력을 가진 청나라 친구를 사귀어 의형제까지 맺었다.

이 해에 일본 깡패들이 경복궁에 침입해 명성 황후를 죽이는 사건이 벌어졌다. 또한 단발령이 내려 길 가는 이들을 강제로 잡아다 상투를 자르는 일도 벌어졌다.

"허허, 망했다 망했어. 왜놈이 시키는 대로 머리까지 깎아야 하다니!"

김구는 청나라 친구를 만나 새로운 계획을 세우기 위해 다시 압록강을 건널 결심을 했다. 그런데 가는 도중 상투 자르기를 중지하라는 영이 나붙었다.

고종 임금은 러시아 공관으로 몸을 피하고, 수구파들은 총리 대신 김홍집을 때려 죽였다. 마침내 친일파와 친러파 사이에 갈등의 불이 붙기 시작한 것이다.

'나라의 앞날을 한치 앞도 모르겠구나. 의병이 일어난다고 하니, 좀더 지켜 보자.'

김구는 발걸음을 돌려 치하포라는 나루터에 닿아 주막에 들렀다. 그런데 사람들 틈에 한복을 입고 우리말을 하는 자가 있는데 어딘가 수상했다. 미심쩍어

지켜 보고 있는데 두루마기 사이로 언뜻 일본도 칼집을 차고 있는 것이 보였다.

'저놈이 국모를 시해한 놈이다. 아니면 그 일당이거나 일본의 끄나풀인 것이 분명해. 저놈을 죽여서 우리 국모의 원수를 갚고 말 거야.'

이렇게 생각한 김구는 골똘히 궁리했다.

'저놈은 둘이고, 난 혼자다. 저 자는 칼이 있지만 난 빈 손이야. 무턱대고 덤볐다가는 영문을 모르는 사람들이 말리고 나설 게 틀림없어. 그 사이에 저놈이 내 목을 칠지도 몰라.'

이러고 머뭇거리는 사이에 퍼뜩 생각나는 말이 있었다.

'의를 보았거든 실행할 것이요, 일이 되고 안 되고를 따지고 망설이는 것은 몸을 좋아하고 이름을 좋아하는 자의

일이 아니냐?'

순간 한 가지 계책이 떠올랐다. 김구는 그자가 밥값을 계산하는 순간 고함을 지르며 배를 발로 걷어찼다. 그리고는 잇달아 칼을 들고 달려드는 그자의 칼을 빼앗아 난도질해댔다.

언 땅 위에 피가 홍건히 괴었다. 소지품을 조사해 보니 그자는 일본 육군 중위였다.

김구는 사람들에게 종이와 붓을 가져오게 했다. 그리고 '국모의 원수를 갚기 위해 내가 이놈을 죽였노라. 해주 텃골 김창수' 이렇게 쓴 다음 사람을 시켜 안악 군수에게 보고하라 이르고는 집으로 돌아왔다.

치하포에서 있었던 일을 말하자 부모님은 얼굴이 하얗게 질려 소리쳤다.

"뭐어? 일본놈을 죽였다구? 순사들이 언제 잡으러 올지 모를 판에… 어서 피하거라!"

"어머니, 난 나라를 위해 할 일을 한 겁니다. 나라가 이렇게 위태롭다는 걸 백성들이 알고, 우리 백성 모두 힘을 합해 나라를 구할 수만 있다면 나 하나쯤 죽어도 괜찮습니다."

이로부터 석 달 후인 1896년 5월, 김구는 인천 감옥으로 잡혀가 모진 고문을 당하며 조사를 받았다. 그러나 그는 용기 있게 제 할 말을 다했다.

"나는 왜놈의 손에 돌아가신 국모의 원수를 갚은 것이오. 당신들은 나라의 녹을 먹으면서 무엇을 했소? 나라가 이 지경이 되도록 무엇을 했느냐 말이오?"

그를 심문하는 관리들은 부끄러워 얼굴만 붉혔다. 나중에는 김구에게 높임말까지 써 가며 그의 충성심과 용기를 칭찬했다. 그러나 일본의 간섭으로 그에게는 사형 판결이 내려졌다.

김구가 감옥에 있는 동안 면회 오는 이들이 줄을 이었다. 한 젊은 관리는 김구가 지금까지 구경도 못한 책들을 넣어 주었다. 그것은 서양 문물에 관해 쓴 것들이었다. 이를 읽고 난 김구는 지금까지 서양에 대해 비판적으로만 생각해 오던 태도를 바꾸었다.

'우리 것만이 옳다고 고집하는 건 옹졸한 생각이야. 서양의 것이라도 좋은 것은 배우고 받아들여야

해. 지금 왜놈에게 지배당하는 이유가 뭐야? 바로 배움이 없기 때문이 아닌가?'

이런 생각이 들자 김구는 죄수들에게 글을 가르치고, 그들의 억울함을 해결해 주기도 했다.

드디어 사형이 집행되는 날이 다가왔다. 김구는 평소처럼 태연하게 《대학》 책을 읽고 있었다.

저녁 때가 되자, 옥문이 열리더니 소리가 들렸다.

"창수, 어느 방에 있소?"

대답이 미처 떨어지기도 전에 밖에서 반가워하는 말소리가 났다.

"아이구, 이제 살았소! 상감 마마께서 사형을 중지

하라는 영이 내렸다는구려."
 고종 임금님의 특명으로 사형이 중지되었다는 소식이었다.
 사형은 중지되었으나 김구는 여전히 감옥살이를 벗어나지 못했다. 일본의 간섭 때문이었다. 그러자 이듬해인 1898년 김구는 몇몇 죄수들과 모의해 탈옥에 성공했다.
 감옥에서 나온 김구는 전국을 떠돌다 공주에 있는 마곡사라는 절에 들어가 중이 되었다. 머리를 깎고 염불을 외웠지만 불법에 일생을 바치겠다는 생각이 도무지 들지 않았다. 그래서 금강산에 가서 불경 공부를 하겠다는 거짓 약속을 하고 마곡사를 떠났다.
 얼마 뒤 고향에 와 보니 아버지의 병환이 위중했다. 김구는 자신의 허벅지 살을 베어서 피를 내어 입에 넣어 드렸다. 그러나 그의 정성에도 불구하고 아버지는 세상을 떠나고 말았다.
 이후 김구는 공립 학교의 교원으로 일하면서 기독

교인인 최준례와 결혼했다. 이 때가 1904년, 그의 나이 29살, 최준례의 나이는 18살이었다.

이듬해 1905년 을사보호조약이 체결되었다. 나라의 주권을 잃어버린 슬픔에 전국 방방곡곡에서 의병이 일어나고, 목숨을 끊는 애국 지식인이 생겨 나는가 하면, 김구와 같은 선각자들은 신사상 운동을 펼치며 애국 운동에 참여했다.

이후 김구는 신민회를 조직해 구국 운동을 펴는 한편, 배워야만이 일본을 이길 수 있다며 학교를 세워 학생들을 가르치는 일에 힘썼다.

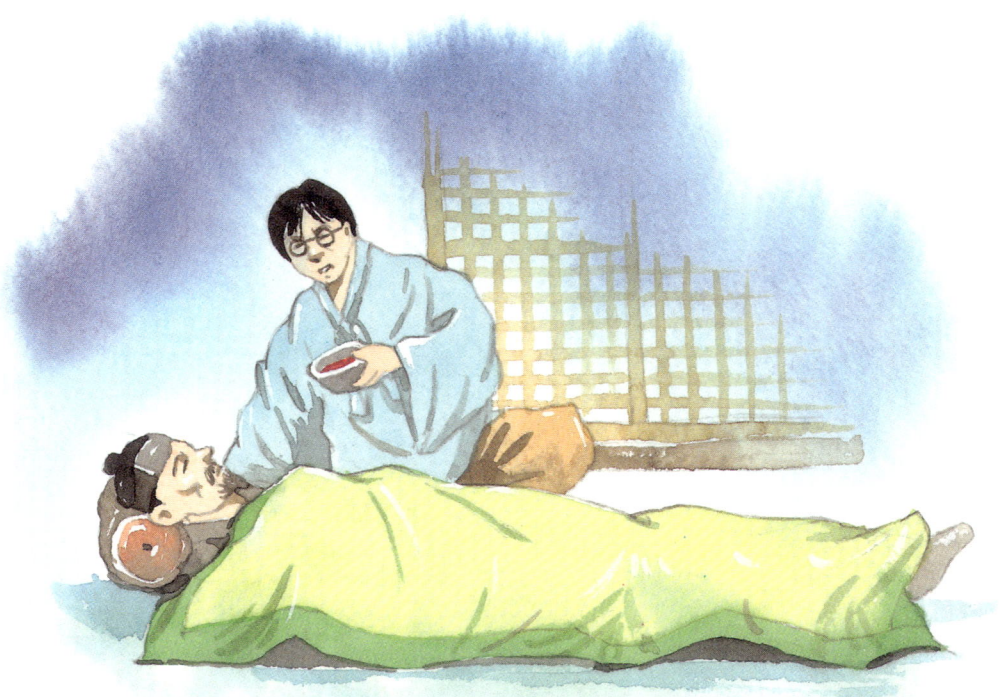

이즈음 안중근 의사가 이토 히로부미를 하얼빈에서 사살하였다는 소식도 전해졌다.

1911년 테라우치 총독을 암살하려던 안중근 의사의 사촌인 안명근이 거사 전에 잡히는 바람에 김구를 비롯한 황해도와 평안도 일대의 애국자들이 붙잡혀 갔다. 이 일로 그는 17년 형을 언도받았다. 그러나 김구는 비관하지 않았다.

'일본은 한국을 절대로 제 것으로 만들지 못한다. 일본의 운수는 길지 않아.'

그는 민족의 장래를 굳게 믿었다. 그리고 지난 10여 년 간 예수를 믿으면서 남을 용서하고 이해하는 태도에서, 일본에 대한 것이면 무조건 미워하고 깨부수자는 마음으로 변해 갔다.

그는 어떻게 하면 조국에 은혜를 갚고 공을 세울 수 있을까를 생각했다. 그는 이름을 '구(九)'라 하고, 호를 '백범(白凡)'이라 했다. 그것은 백정과 무식한 보통 백성들까지도 자기만한 애국심을 갖게 하자는 소원을 나타낸 것이며, 그 정도의 애국심과 지식 정도만이라도 높이면 우리 나라는 완전한 독립국을 이룰 수 있다는 자신의 소망을 담은 것이었다.

그는 감옥의 뜰을 비질하고, 유리창을 닦으면서

속으로 빌었다.

'하느님, 우리 나라가 독립하여 정부가 생기거든 그 집의 뜰을 쓸고 유리창을 닦는 일을 해 보고 죽게 하소서.'

이듬해 1914년 7월, 김구는 감형을 받고 7년 간의 옥살이에서 풀려 나왔다. 감옥에서 나왔지만 감시의 눈길 때문에 행동이 자유롭지 못했다.

그는 아내가 교사로 있는 학교일을 거들고, 농장 관리인으로 일하면서 농촌 아이들을 가르쳤다. 그러다 마침내 1919년 3·1 만세 운동이 일어나자 그는 왜경의 눈을 피해 상해로 건너갔다.

상해 임시 정부의 위원으로 뽑힌 김구는 내무총장 겸 국무총리인 안창호에게 부탁했다.

"제가 일찍이 감옥에서 뜰을 쓸고 유리창을 닦을 때마다 하느님께 소원하기를, 우리 나라 정부가 서거든 그 집 마당을 쓸고 유리창을 닦게 해 달라고 기도했어요. 그러니 제가 임시 정부의 문지기 노릇을 꼭 해야겠습니다."

안창호는 경무국장을 맡으라고 권유했다. 그러자 김구는 자신은 순사될 자격도 없다며 사양하다 마지못해 경무국장의 자리에 앉았다.

그런데 해가 갈수록 임시 정부의 사정이 나빠졌다. 일본의 세력이 점점 더 강력해지자 하나둘 위험한 독립 운동에서 손을 떼기 시작했다. 더 심각한 문제는 돈이었다. 몰래 돈을 보내 주던 사람들이 일본의 감시가 심해지자 돈을 보낼 수 없게 된 것이다.

이런 시기에 김구는 내무총장을 거쳐 임시 정부의 우두머리인 국무령, 주석의 자리에 올랐다. 하지만 그의 생활은 말할 수 없이 어려웠다.

그는 임시 정부 청사에서 새우잠을 자는가 하면, 동포들의 집을 돌아다니며 끼니를 얻어먹는 지경이었다. 그러나 조국 독립을 위한 그의 열정만은 식지 않았다.

김구는 '한인애국단'을 조직하여 독립 투사를 키워 냈다. 이봉창·윤봉길의 일왕 저격 사건과 홍구 공원 폭탄 투척 사건 등은 모두가 김구의 치밀한 계획과 주도로 이루어진 거사였다.

"우리 10억 중국인도 해 내지 못한 일을 한국 청년이 해 내다니! 참으로 장한 일이야."

중국 사람들은 새삼 우리 나라 사람들을 우러러

보기 시작하였다. 장개석 장군도 기꺼이 임시 정부를 도와 주기로 약속하였다.

일본군은 중국땅 깊숙이까지 쳐들어왔다. 이에 따라 임시 정부도 상해에서 진강·장사·광주·중경으로 옮겨가야만 했다.

그런 가운데서도 김구는 독립군 훈련을 위해 군관 학교를 세우고, 독립군을 몰래 침투시켜 일본의 주요 군사 시설을 파괴하는 등의 활동을 전개하였다.

1939년, 김구는 어머니 곽낙원 여사를 영원히 저 세상으로 떠나 보내 드렸다. 평생 아들을 위해 살아 온 어머니였다. 1924년 아내를 잃고 자식 둘을 앞서 보냈지만, 어머니의 마지막 말은 그를 더욱 슬프게 했다.

'나라가 독립하는 것을 못 보고 죽으니 그것이 원통하구나!'

1940년 김구는 힘을 모으기 위해 민족 운동 단체와 공산주의 혁명 운동 단체를 통합시키려 노력했다.

그런 가운데 김구는 또다시 임시 의정원 선거에서 주석이 되었다. 그는 독립 후에 국군의 기초가 될 광복군을 조직하고 창설했다.

이 무렵, 일본군에 학도병으로 끌려갔던 청년들이

탈주하여 임시 정부 청사를 찾아온 사건이 일어났다. 그들의 장한 모습에 중국인은 물론 서양인들도 감격했다.

이를 계기로 연합국의 주목을 끌게 되면서 광복군이 비밀 군사 훈련을 받을 수 있는 길이 열렸다.

폭파술, 사격술, 강을 건너는 훈련 등등 모든 것이 순조롭게 진행되었다. 전쟁의 흐름으로 보아 일본의 패망은 불을 보듯 뻔했다. 김구는 서둘러 우리 손으로 우리 나라를 되찾아야겠다고 생각했다.

그가 막 연합군과의 훈련을 마치고 우리 나라로 들어가기 위해 마지막 마무리 작업을 하고 있던 1945년 8월 15일이었다. 뜻밖에도 일본이 연합군에 항복했다는 소식이 전해졌다.

"일본이 항복했다구?"

순간 김구의 가슴은 기쁨과 안타까움으로 뒤범벅이 되었다. 당연히 일본의 지배에서 벗어났으니 기쁜 일이었다. 그러나 여러 해 정성을 쏟은 광복군이 일본군과 싸워 직접 항복을 받아 내고, 당당히 우리의 땅을 밟겠다는 소망이 와르르 무너졌기 때문이다. 게다가 무엇보다 걱정스러운 것은 일본을 항복시킨 나라들의 간섭을 또다시 받을 게 뻔했기 때문이다.

1945년 11월, 김구는 오랜 망명 생활을 끝내고 조국으로 돌아왔다. 그의 나이 70, 얼굴에는 그 동안의 역경을 이겨 낸 주름이 훈장처럼 새겨져 있었다.
　그러나 그가 그토록 그리워했던 조국은 북쪽은 소련이, 남쪽은 미국이 자리잡고 있었다. 그리고 5년 동안 우리 나라를 미국·소련·영국·중국이 다스린다는 것이었다.

"남한만의 단독 정부라니요? 이건 나라를 두 동강 내고, 언젠가는 동족끼리 서로 피를 흘리는 전쟁을 내고 말 일이요. 난 절대로 이 의견에 찬성할 수 없소."

김구는 어떻게든 민족의 분열을 막고 통일된 정부를 세우기 위해 38선을 넘나들며 동분서주했다. 그러는 사이 결국 남한과 북한은 각각 단독 정부를 세웠다. 그렇지만 김구는 여전히 단독 통일 정부를 세우기 위해 여러 가지 일을 준비했다.

그러는 가운데 1949년 6월 26일, 김구는 안두희라는 육군 소위에 의해 암살당하고 말았다. 그리고 이듬해 6월 25일, 그가 평소에 걱정했던 한국 전쟁이 일어난 것이다.

같은 겨레끼리 총부리를 겨누고 싸우는 비극의 전쟁을 치르고 말았다.

한평생 오로지 민족의 독립을 위해 일하다 뜻하지 않은 죽음을 맞은 백범 김구! 그는 참으로 위대하고 자랑스러운 민족의 지도자이고 등불이었다.

생각의 무지개

　백범 김구(1876~1949)는 구한말에 가난한 집안에서 태어나 한평생 잃어버린 조국의 독립을 위해 일한 민족의 지도자이자 독립 투사이지요.
　어릴 적부터 그는 엉뚱한 행동을 잘하고, 한 번 마음먹으면 끝내 해내고야 마는 성격의 소유자였지요. 불의를 보고는 절대로 외면하지 않았고, 언제나 정의감에 불타 몸으로 실천하는 행동가였으며, 권력 앞에 나약한 모습을 보이지도 않았고, 부귀를 탐하지도 않았지요. 그는 오로지 조국의 독립과 민족의 영광스러운 앞날만을 생각하며 살았지요.
　이러한 김구의 삶의 모습을 통해 볼 때, 우리는 지도자가 갖추어야 할 덕목을 생각하게 됩니다.
　장차 우리 중에도 국가와 민족을 위해 나설 지도자가 되려는 사람이 있다면 최소한 깨끗한 양심을 지킬 수 있고, 권력과 물질의 욕망을 떨칠 수 있는 덕목은 갖추고 있어야 하지 않을까 합니다.

한여름의 소리꾼 매미

글 예종화 · 그림 김백송

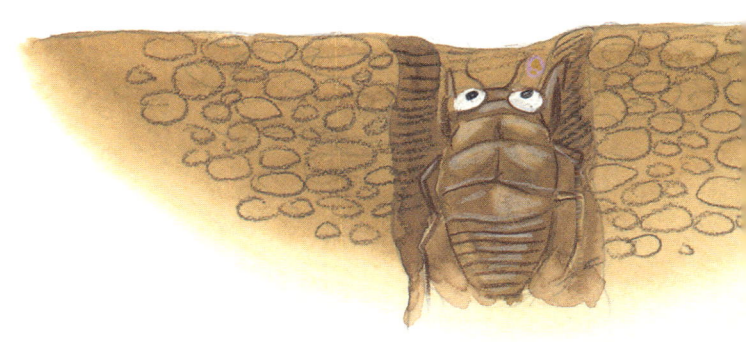

    종령애벌레가 마지막 안간힘을 다해 구멍을 팠다. 어둡고 습기찬 땅 속에서 무려 6년이나 살다 이제야 세상 밖으로 나오려는 것이다.

    '난 이제 더 이상 애벌레가 아니야. 어른벌레가 다 되었다고.'

    마침내 빠끔히 작은 구멍이 보이더니 파란 하늘이 눈에 가득 들어왔다.

    '아무한테도 들키지 말아야 하는데.'

    종령애벌레는 주의깊게 밖을 살폈다. 다행히 새들도 짐승도 다른 곤충들도 아무도 없었다.

    '됐어. 저기 있는 저 나무 줄기를 재빨리 타고 올라가야겠다.'

    마음을 정한 종령애벌레는 조심스럽게 땅 속에서 나와 쏜살같이 나무 위로 기어올라갔다.

'휴우, 살았다. 하지만 언제 어디서 적들이 나타날지 몰라.'

종령애벌레는 속으로 중얼거리며 나무에 꼭 달라붙은 채 죽은 듯 꼼짝을 안 했다.

사실 이렇게 땅 속에서 어른벌레가 다 되었다고 나왔지만 겉모습은 아직도 애벌레 모습 그대로였다. 하지만 이미 그의 몸과 마음은 어른벌레가 될 준비를 모두 갖추고 있었다.

이윽고 캄캄한 밤이 왔다. 하늘에는 별이 반짝이고 이따금 개똥벌레들이 꽁무니에 불빛을 반짝이며 지나갔다.

'날이 밝으면 난 어른벌레인 멋진 매미가 되어 있을 거야.'

　종령애벌레는 가슴을 설레며 날개돋이가 시작되기를 조용히 기다렸다. 마치 웨딩 드레스를 입고 신랑을 맞이하기 위해 준비하는 새색시처럼 조용히 그리고 다소곳하게 나무 줄기에 매달려 있었다.

　종령애벌레는 다시 한 번 더 속으로 날개돋이할 순서를 생각했다.

　'등이 갈라지면 먼저 머리와 가슴을 서서히 밖으로 내미는 거야. 몸통이 완전히 빠지면 뒤로 가볍게 젖힌 다음 앞다리·가운뎃다리·뒷다리를 차례로 빼내고, 마지막으로 꽁무니를 얼른 빼내는 거야.'

　종령애벌레는 순서를 잊지 않도록 열심히 반복해서 외웠다. 그리고 거듭거듭 자신감을 잃지 않도록 스스로에게 속삭였다.

　'순서를 잘못하면 난 죽는 거야. 잘 해야지.'

혹시 적이라도 있지 않나 주위를 살펴보니 노랑나비 한 마리가 풀잎에 앉아 잠을 자고 있었다.
얼마나 시간이 흘렀을까?
몸에서 서서히 이상한 기운이 느껴졌다.
'아, 신호가 왔다!'
머리서부터 등쪽이 갈라지기 시작했다. 종령애벌레는 지금껏 몇 번씩 외웠던 것처럼 순서에 맞추어 날개돋이를 시작했다.
이윽고 머리도 몸통도 6개의 다리도 무사히 껍질을 벗고 빠져 나왔다. 그리고 체액을 보내 구겨진 날개를 서서히 편 다음 바람을 일으켜 축축한 날개를 말렸다. 그러자 하얗던 몸과 날개에 색깔이 보이기 시작하더니 몸도 날개도 더욱 단단해졌다.
'와아! 내가 어른벌레가 되었어. 내가 유지매미라구.'
유지매미는 얼마나 기쁜지 세상 사람 모두가 듣도록 크게 외치고 싶었다. 그러나 아직은 섣불리 자랑하고 나서기에는 일렀다. 그래서 날이 밝아 올 때까지 조용히 기다리기로 작정했다.
새벽을 알리는 샛별이 보이고, 닭 울음소리가 들리더니 먼동이 터 오기 시작했다.

'으음, 이제 됐어.'
 유지매미는 멋지게 날개를 펼치고 숲으로 날아갔다. 그리고 마음껏 세상에 자신이 태어났음을 소리쳐 알렸다.
 '지이이이 지이이이.'

참매미가 반갑게 인사를 했다.
"반갑다, 친구야. 매앰매앰."
"고마워. 사이좋게 잘 지내자. 지이지이."
"낯이 선데, 어디서 왔니?"
"사실은 어젯밤에 날개돋이를 했어. 태어나서 네가 처음 만난 친구야."
"어머나, 그랬니? 우리 잘 지내 보자."
 참매미의 친절에 감사라도 하듯 유지매미는 더 한 층 배를 크게 부풀려 '지이 지이~' 소리를 냈다.

그렇게 유지매미는 하루하루를 노래부르며 친구들과 사귀면서 즐겁고 기쁘게 지냈다.

그렇지만 매일 즐거운 일만 있는 것은 아니었다. 한번은 친구들과 죽을 뻔한 일도 있었다. 정신없이 나무의 즙을 빨아먹고 있을 때였다.

"앗, 큰일났다!"

누군가 소리를 지르는 순간 옆에서 나무즙을 빨아먹고 있던 친구가 날벼락을 맞았다. 사마귀가 날카로운 앞다리로 친구를 덮친 것이었다.

'아아, 불쌍한 친구.'

유지매미는 지금도 그 날 일을 생각하면 등골이

오싹했다. 그렇다고 마냥 두려워하며 어두운 굴 속에 숨어 살 수는 없는 일이었다. 유지매미는 그럴수록 더 크게 더 열심히 노래를 불렀다.

'지이이이, 지이이이~. 나는야 용감한 매미.

내 노랫소리는 천하 제일.

지이이이, 지이이이~.'

유지매미의 노랫소리를 귀담아 듣는 이가 있었다. 바로 수줍음 많고 조용한 것을 좋아하는 얌전이 암컷 매미였다.

'어머나! 멋져. 어쩜 소리가 저렇게 맑을까?'

사실 암컷 매미는 소리를 내지 못했다. 그것은 아주 옛날 이브가 선악과를 따 먹어 여자들이 아이를 낳는 진통의 고통을 운명으로 타고나듯이, 암컷 매미는 태어나면서부터 소리를 낼 수 없게끔 운명적으로 태어났다. 하지만 뱃속에 소리를 들을 수 있는 기관은 있었다. 스스로 소리는 내지 못하지만 수컷 매미들의 노랫소리를 들을 수 있는 복은 누릴 수가 있었다.

암컷 매미는 노랫소리에 이끌려 수컷 유지매미가 있는 곳으로 가까이 몰래 다가와 노랫소리를 귀담아 들었다.

'지이이이 지이이이~.'

수컷 유지매미의 노랫소리는 날이 갈수록 암컷 매미의 가슴을 설레게 했다.
　사실 그 노랫소리는 '나를 사랑하는 이여, 나에게로 와 주오.' 하는 간절한 사랑의 고백이었다.
　암컷 매미는 용기를 내어 수컷 매미에게로 갔다. 그리고 그들은 곧 날개를 엇갈려 놓고 사랑의 짝짓기를 시작했다.
　얼마 후, 짝짓기를 마친 암컷 유지매미가 중얼거렸다.
　"이제 알을 낳으러 가야겠어."

그 사이 수컷 유지매미는 어디로 가서 노래를 부르는지 그림자도 보이지 않았다.

암컷 유지매미는 혼자서 알을 낳을 준비를 했다. 우선 송곳처럼 뾰족한 산란관으로 나무 줄기에 구멍을 파는 일부터 시작했다. 그리고 파 놓은 구멍 속에 10개씩 갸름한 알을 쏙쏙 조심스럽게 낳았다.

유지매미는 아무런 고통도 느끼지 못하는 듯, 아니면 먼 옛날부터 조상들이 그렇게 살아온 때문인지 아주 간단히 알을 낳았다.

'앞으로 서른 번은 더 알을 낳아야겠어. 그래야 자손들이 많이 태어날 테고, 우리 종족들이 번창할 거 아냐. 그래야 조상들한테 할 도리를 다하는 것일 테고 말야.'

159 · 한여름의 소리꾼 매미

암컷 유지매미는 온힘을 다해 나무 줄기에 구멍을 파고 잇달아 알을 낳았다.
한편, 아까 종적을 감추었던 수컷 유지매미는 그 사이 또 다른 짝을 찾느라 사랑의 노래를 부르고 있었다.
'지이지이 지이지이이이~.'
수컷 유지매미의 노랫소리는 여전히 맑고 고왔다.

하지만 수컷 유지매미는 자꾸만 가슴 깊은 곳에서 슬픔이 솟아오르는 것을 참기가 힘들었다. 왜냐 하면 며칠 후면 생명이 끝나고 이 세상과 작별을 해야 하기 때문이다.

그들은 모두가 짝짓기가 끝나고 1~2주일 후면 생명이 끝나게 되어 있었다. 그러니 영원한 시간에 비기면 이 얼마나 찰라의 한 순간이란 말인가?

'아, 나의 짧은 한평생이 끝나 가는구나.'

그 때 건너편 나무 그늘에서도 친구의 울음소리가 처량하게 들려 왔다.

"친구야, 너도 살 날이 얼마 남지 않은 모양이구나. 울음소리가 처량한 것을 보니……."

"나라고 별수 있니? 우리의 운명이 이리도 짧고 허무한 것을, 공연히 처량한 생각이 들어서 소리내 울어 봤어."

그 말을 들으니 수컷 유지매미의 마음은 더할 수 없이 우울해졌다. 그래서 슬픔을 털어 내고 우울함을 벗어 버리기 위해 더욱 크게 소리내어 노래를 불렀다.

'지이이이 지이이이~.'

며칠 후, 유지매미들이 울던 나무 밑에는 참혹한

일이 벌어져 있었다. 어제까지만 해도 발음 기관을 떨어 맑고 고운 노랫소리를 들려 주던 유지매미들의 시체가 땅바닥에 무참히 떨어진 채 나뒹굴고 있었다. 알에서 태어난 지 7년, 땅 위에서 겨우 3주를 살다 죽고 만 것이다.

그런데 더욱 슬픈 일은 세상의 몰인정함이었다. 어떻게 냄새를 맡고 왔는지 개미들이 줄줄이 떼를 지어 몰려왔다. 그들은 새카맣게 사정없이 달려들어 유지매미의 시체를 물어뜯었다.

"와아! 오랜만에 고기맛 좀 보겠다."

"오늘 고기 파티를 열어야겠어. 모처럼 이렇게 멋지고 신나는 일이 생기다니, 안 그래?"

"물론이지. 대장 개미님도 이 소식을 알면 꽤나 즐거워하실걸?"

"당연하지. 이렇게 수다만 떨 것이 아니라 어서 빨리 집으로 운반해 가자."

개미들은 신바람이 나서 유지매미의 시체를 각자 들고 갈 수 있을 만큼씩 나누어 가지고 집으로 운반해 갔다.

"영차 영차!"

개미들의 합창 소리가 숲 속을 메아리쳐 갔다. 그리

고 수컷 유지매미의 죽음을 아는지 모르는지 숲은 여전히 매미들과 풀벌레들의 울음소리로 시끄러웠다.
　세상은 그렇게 한 마리의 유지매미의 죽음을 생각하고 추억할 만큼의 여유도 없이 삭막하기만 했다.
　이듬해 여름, 나무 구멍에서 고물고물 애벌레들이

기어 나왔다. 지난 해 여름 암컷 유지매미가 낳아 둔 알들에서 나온 한살박이 1령애벌레들이었다.
　애벌레들은 그 앙증맞은 몸을 놀려 조심조심 나무를 기어 내려와 땅 위로 곤두박질 치며 떨어졌다.
　"에구구구! 나 좀 살려 줘요."

애벌레는 비명을 질렀다. 마치 천 길 낭떠러지 아래로 떨어지는 것만 같았다. 다행히 몸이 유연한데다 풀밭 위로 떨어지는 바람에 몸에 상처는 없었다.
"휴우! 떨어져 죽는 줄 알았네."
애벌레는 세상에 태어나 처음 겪는 첫 번째 어려움

을 간신히 벗어났다. 그러나 그게 전부는 아니었다. 언제 어디서 덩치 크고 날쌘 제비나 참새들이 날아와 몸을 덮칠지 알 수 없는 일이었다. 조금이라도 땅 위에서 머뭇거리다가는 누구의 밥이 될지 알 수 없는 상황이었다.

165 · 한여름의 소리꾼 매미

'걸음아, 나 살려!'

애벌레는 발걸음을 재촉했다. 그러나 몸은 생각대로 그리 빨리 움직여 주지 않았다.

배밑에 나 있는 여러 개의 다리들은 제각기 움직이느라 한없이 더디고 느렸다.

간신히 풀줄기를 헤치고 나무 밑에 부드러운 흙이 있는 곳을 찾았다. 재빨리 몸을 움직여 흙을 파내고 안으로 들어갔다.

땅 속은 몹시 어두운데다 축축했다. 그러나 살기에 그리 나쁜 환경은 아니었다.

'휴우, 이제 안심해도 되겠지. 나무 뿌리가 여기 이렇게 뻗쳐 있으니까 양식 걱정은 없겠다.'

1령애벌레는 나무 뿌리 옆에 작은 집을 지었다. 그리고 뾰족한 입을 나무 뿌리에 박고 '쪼옥쪽' 소리가 나도록 나무즙을 빨아먹었다.

'아, 배불러. 이제야 살 것 같다. 우선 새들이 언제 낚아채 갈까 걱정하지 않는 것만도 어디야. 이 땅 속은 완전한 요새야.'

1령애벌레는 몸을 편히 뉜 채 앞날의 계획을 세우다 스르르 잠이 들었다.

땅 속에서 산 지 어느덧 6년이 흘렀다. 그 동안 몇

번의 허물을 벗고 소년 시절, 청년 시절을 거치며 이제는 마지막 어른이 되기 위해 준비를 하고 있었다. 애벌레로서는 마지막 단계인 종령애벌레가 된 것이다.

그 사이 커 오면서 앞다리도 튼튼해졌고, 가슴 옆에 작은 날개도 생겼다. 눈은 하얀 색깔로 아무것도 보이지 않았지만 종령애벌레는 모든 것을 몸 속의 생체 시계라 할 수 있는 감각으로 알고 있었다.

왜 눈이 보이지 않는가 궁금하겠지만 그것은 별로 이상한 일도 아니다. 왜냐 하면 캄캄한 어둠 속에서 사는데, 굳이 눈으로 볼 필요성이 없기 때문이다. 다만 그만큼 다른 부분들이 눈보다 더 정확하게 감각을 통해 알려 주니까 말이다.

그런 어느 날, 종령애벌레는 여름이 온 걸 느낌으로 깨달았다.

'야아, 여름이다!'

그 여름은 종령애벌레에게는 일생 일대의 커다란 변화를 가져오는 시기였다. 그는 바로 이 날을 위해 지금까지 열심히 살아온 것이다.

여태껏 그는 어둠의 고통과 땅 속의 그 축축하고 불쾌한 기운, 그리고 무엇보다 말 한 마디 없이 혼자서

묵묵히 지내야 하는 고통의 나날을 잘 견뎌 왔다. 이제 그런 그에게 새로운 세계가 열리는 것이다.

　종령애벌레는 가슴을 두근거리며 해가 질 때를 기다렸다. 이제 해가 서산으로 지고 나면 그의 기나긴 땅 속 생활도 끝이 날 것이다.

　이윽고, 해가 서산으로 꼴까닥 넘어갔다. 종령애벌레는 기쁨에 들떠 땅 위로 나왔다. 그리고 예전에 엄마가 했던 것처럼 나무 줄기를 타고 올라갔다.

　아, 그런데 이 일을 어쩌나!

　너무 서둘다 주위를 제대로 살피지 못했던 탓일까? 그만 공중에서 먹잇감을 찾고 있던 새에게 들키고 말았다.

　"아, 살려 줘요!"

　비명을 지르고 애원해 봤지만 소용이 없었다.

　그 날 불행하게도 그 어린 종령애벌레는 영원히 세상을 떠나고 말았다. 아무런 보람도 없이 허무하게.

생각의 무지개

　　이 이야기는 매미의 생태를 어린이들의 눈높이에 맞추어 이야기식으로 엮은 것이에요.

　　매미는 여름이 되면 귀가 따갑도록 그 울음소리를 들을 수 있는 곤충이지요. 오늘날 지구상에는 약 3천여 종의 매미가 있으며, 우리 나라에는 약 16종이 있다고 해요.

　　매미는 한여름의 짧은 기간을 살기 위해 짧게는 2~3년, 길게는 17년이나 땅 속 생활을 하는 것도 있다고 해요. 우리가 흔히 보는 유지매미는 6년을 땅 속에 있다가 7년째 되는 여름에 세상으로 나와 3주간이라는 짧은 기간을 살다 죽어가지요.

　　그 짧은 한여름의 생애를 보내면서 이들이 목이 쉬도록 울어대는 것은 종족 번식을 위해 수컷이 암컷을 부르는 소리라고 해요. 이러한 매미의 일생을 보면서, 우리는 생명의 고귀함을 다시 한번 되새겨야 하겠습니다.

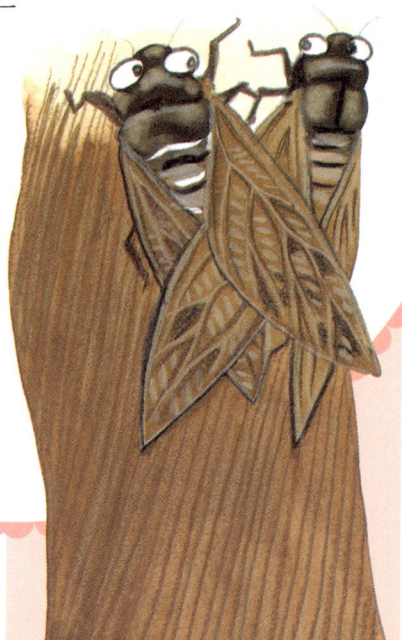

■ 글쓴이 **이슬기**
한국아동문학인협회 이사이며,
현대아동문학상 등을 수상하였고,
현재는 은석초등학교 교사
작품으로는 「별 따는 궁전」「임금님의 복숭아」 등 다수

■ 글쓴이 **정성환**
영남대학 국문과를 졸업
대구 매일신문 신춘동화 부문 당선
작품으로는 「우리는 씩씩한 돌멩이」
「나를 보고 웃는 하마」 등 다수

■ 글쓴이 **김영이**
서강대학교 국어국문학과를 졸업
작품으로는 「논리학습 논술교실」「도담도담 자연 관찰」
「그림 삼국유사」「테마 위인 동화」등 다수

■ 글쓴이 **이솔일**
민족문화추진회 총무 부장
한국일보 출판부장
(주)한국문원 편집 이사를 역임
작품으로는 「삼국사기」「위인동화」 등 다수

■ 글쓴이 **이동태**
1982 대한민국문학상(아동문학 부문) 수상
초등학교 교과서 집필위원, 연구위원, 심의위원 역임
현재 예일 초등학교 교장
작품으로는 「날개를 키우는 둥지」 등 다수

■ 글쓴이 **예종화**
어린이를 위한 위인전,
고전 문고, 과학 동화 등을 집필
작품으로는 「숲 속의 가족들」「동물들의 대화」
「도깨비 방망이」「세종대왕」 등 다수